東大・京大生を育てた母親が教える

つい怒ってしまうときの魔法の言い換え

母学アカデミー学長
河村京子

イースト・プレス

はじめに

「今日から怒らない、ニコニコママになろう！」

と決心をしたことのあるお母さんは多いでしょう。でも、数日経つと、

「いい加減にしなさい！（怒）」

と怒鳴ってしまった…。

　母親であればそんな経験を幾度となくしているかもしれません。そうすると、

「私は何てダメな母親なんだろう」

と落ち込んでしまうのです。だからといって、母親をやめるわけにはいきません。

「いったいどうしたらいいの」

と途方にくれてしまいますね。


　私は「母学アカデミー」というお母さんのための学校の学長をしています。子育てについてお母さんたちと一緒に学んでいます。私自身には、大学生の息子が2人と高

校生の娘が1人います。もう、子育てのキャリアは20年以上ということになります。

実は、約20年の子育ての間、私は子どもたちを「怒った」ことがありません。

この部分を読まれたお母さんは、きっとびっくりされることでしょう。

「どうして怒らないでいられるのですか？」

「きっと、子どもたちがとても素直でいい子だから怒る必要がなかったのでしょう」

という疑問や感想を持たれるかもしれません。

私の子どもたちが特別に素直でいい子ということはありません（笑）３人それぞれ個性豊かで、素直な子もおりますし、やんちゃで手のかかる子もおります。でも、「怒った」ことがないのです。

だからといって、いつもニコニコお母さんだったわけではありません。子どもが何か騒動を起こすたびに、心の中では怒りの嵐が巻き起こりました。でも、その怒りの感情を子どもにぶつけなかっただけです。

「わかってる、それはわかっているけれど、それができないから困っているんです」

と多くのお母さんがおっしゃるでしょう。その通りです。

私が第1子である長男を出産したのは、結婚して6年が経った後でした。私は結婚後出産するまでの5年間を子育ての勉強に当てました。現代なら、インターネットで検索をすれば、いくらでも情報が手に入りますが、20年前にはそういうわけにはいきませんでした。子育て情報を得るために図書館に通い、教育書・育児書を読み漁りました。そして、約2000冊以上の知識を蓄えると、自然とまだ見ぬ我が子に会いたくなったのです。また、「子育て」という偉業を私も実践してみたくなったのです。

その子育ての学びの中には、「怒り」についての項目ももちろんありました。子育てを始めて、子どもに怒り始める前に、怒りへの対処方法を学んでおくと、実際子どもが親をイライラさせる場面に出会っても、冷静に対処することができたのです！もちろん、自分の心の中に怒りはわきますが、それを怒りではない形に変えて子どもに伝えることができました。

その結果、どうなったか？

子どもたちは母親に怒られることがないので、びくびくすることはなく、のびのびと行動することができたようです。突拍子もないことをしても、たしなめられることはありますが、怒られることはないのでいつも新しいアイディアを考え、みんなをびっくりさせることを考えて成長したようです。もちろん、はた迷惑なこともたくさんありましたが、今では、私のやり方は間違っていなかったと確信しています。

そして、成長の中で自分の夢を見つけ、夢を叶えるために今でも必死に努力をしています。

長男は東大に進み、小さい頃からの夢であった起業家になりました。今では学生起業家として忙しい毎日を過ごしています。次男は、小学生の頃から大好きだった数学を学び極めるために京大で数学三昧の毎日を過ごしています。娘はまだ高校生ですが、中学生のときから、イギリスへ留学し、日本と世界の架け橋になるために、これから自分に何ができるのかを模索中です。

私の子育ての結果はまだ出てはおりませんが、「怒らずに子育て」をしたことで、子どもたちがのびのびと自分のやりたいことを見つけられたことは確かなようです。

それでは、どうすれば怒らずに子育てができるのでしょうか？　私が学んだ方法は主に二つあります。

一つは、「親と子どもの心理的な距離を広く取ること」

いくら子どもが気に入らないことをしても、隣の家の子に、

「あなた、バカじゃない！」

とは言わないでしょう。我が子との心理的な距離が近いからこそ、他人にはとても言えないようなヒドい言葉も使ってしまうのです。だから、我が子を「隣りの家の子」と思えたら、怒りをそのままぶつけることはなくなるのです。


もう一つは、「怒りの感情を置き換える」方法です。自分が感じた怒りを別の方法で伝えたり、処理したりするのです。この方法は一言で説明することができませんので、本書の中で一つずつ解説していきたいと思います。

いずれにしても、

「怒らない子育てなんてできるわけがない」

と自分自身が思っていたら、怒ることを止めることはできません。まずは心の底から、「自分は怒らない子育てをすることができる。そうすれば、子どもはのびのび成長し、

自分の能力をグングン伸ばすことができる」と未来の子どもの姿をイメージしてください。

それがまずは一歩目です。

第2章 「怒り」の仕組み

第3章 「怒る」と「叱る」は大違い

第4章 子育ては3年ごとにステージが上がる

7～9歳 120

10～12歳

13歳～ 176

184

第1章

怒ってもいい!

怒ってもブレない子育てをすることが大切

できれば「怒らない母」になりたいのに、いきなり「怒ってもいい！」と言われても困ってしまいますよね。でも、あなたの周りにこんなお母さんはいませんか？

「昨日、我が子を怒っちゃったわ。コラーって。ガハハ…（笑）」

と豪快に笑い、反省している風もないお母さん。そのお子さんもあっけらかんとしたもので、

「昨日、カーチャンに怒られちゃった。テヘヘ…（笑）」

と反省どころか、お母さんの話もちゃんとは聞いていないようです。

もし、あなたがこんな親子なら、問題ないと思います。今まで通りで大丈夫です。

でも、もしあなたがこんなとき、

「ああ、また今日も怒っちゃった。私はダメな親だわ（凹）」

と深く反省をしてしまうのなら、ここで考え直してみましょう。

「え？　反対じゃない？　反省する親がいい親で、怒っても反省もしない親のほうが問題なのじゃないですか」

そう考えたくなりますよね。確かに「怒る」という行為だけを見ると、そんな風に見えるでしょう。でも、実は「怒る」という行為だけが問題ではないのです。

「ああ、私はダメな親だ」

と落ち込んで反省をするとき、あなたの心はグラグラと揺れているはずです。心が不安定になるということです。こうなると、子どもも不安定になります。

「ボク（ワタシ）は、親を困らせるダメな子どもなんだ」

とお子さんの心も落ち込んでしまいます。そして、そんなことが重なると、

「自分はダメな人間なのだ」

と自分のことを評価してしまいます。言葉を言い換えると「自己肯定感」が低くなるのです。

「自己肯定感」とは、「自分」を「肯定」できるかどうかということ。

つまり、「自分は今のままでＯＫ」と思えれば、自己肯定感は高いと言えます。も し、「自分は今のままではダメだ。どうせ、自分なんてダメな人間だ」と思うなら、

自己肯定感は低いと言えるでしょう。自己肯定感は、大人にも子どもにもあります。

自己肯定感が高い親が子育てをすると、子どもも自己肯定感が高く育つのです。

もし、子どもを怒ってしまっても、

「この子なら大丈夫！　きっと私の言うことを理解して、自分で乗り越えてくれる」

と我が子を信じ切っている親であれば、親の自己肯定感は高いと言えます。そんな親の子どもであれば、多少怒られたって、悔しくても、

「自分は大丈夫！　お母さんも自分を憎くて怒っているんじゃない。今から良くなればいいのだ」

と前向きに捉えるのです。

子育てで一番大切なことは、この「自己肯定感を高く育てる」ということだと思います。学力も大事、挨拶がちゃんとできることも大事です。でも、それよりも大切なのが「自分はこのままでＯＫなんだ」と思える感覚です。

自己肯定感が高ければ、何事にも前向きに集中して向き合うことができます。自分を尊重できる人間は、他人も尊重することができます。そうすれば自ずから、勉強にも一生懸命取り組むでしょうし、他人とのコミュニケーションも楽しいでしょうから、

挨拶もしっかりできるようになります。

この本は「怒らない子育て」について書いていますが、それよりも大切なのは、「子どもの自己肯定感を高く育てる」ことなのです。だから、「怒る」行為だけを止めても、効果は低いのです。それよりも、子どもを怒ってもいい、一緒に泣いてもいいから、「自分はこのままでＯＫなんだ」という感覚を植えつけてあげて欲しいのです。

もちろん、怒るよりは怒らないほうが、親も子どもも幸せです。だから、なるべく「怒らない子育て」をすることは、子どもの自己肯定感を高く育てるための近道でもあります。そんなことを考えながら、この本を読み進めてください。この基本を間違えてしまうと「子どもを怒らなければ、いい子に育つ」という間違った答えになってしまいます。**大切なのは、お母さんが子育ての軸をしっかりと持ち、ブレない子育てをすることなのです。**そうすれば、子どもは安心して「自分は生きていて幸せ。自分は今のままでいいのだ」と自信を持って生きていくことができるでしょう。

私にもあるある

こんなこと、一つや二つはきっとあなたにもあるでしょう。

朝、寝起きの悪い娘たち。「早く起きて！」「早く○○して！」と毎日毎日言ってしまいます。ご飯を食べる時間、準備する時間、出発の時間は決まっている中で、なかなか待つことができなくて、朝が憂鬱です。
（広島県C・T　5歳女、4歳女）

上の子が下の子を突き飛ばす状況が続くと、最初は共感してあげられても、しまいには怒ってしまったり、「そんなことするなら今日は牛乳なし！」と関係ないことを持ち出したり…いつも反省です。
（兵庫県M・T　3歳男、1歳女）

「ママがこんなに頑張っているのにどうしてあなたたちはわかってくれないの！」と、自分勝手で不条理な怒りを子どもや主人にぶつける…その悪循環の繰り返しです。

（東京都M・I　3歳女、2歳女）

夜になって子どもの寝顔を見ると、「あー、こんなに可愛いのに。怒らなければ良かった。ごめんね。明日はちゃんと向き合おう」と思いながらの繰り返しです。怒ることは不必要だったなぁと、いつも振り返って反省しています。

（鳥取県M・K　女）

最近8歳の娘が5歳の息子に怒っている口調が私にそっくりなのを見てぞっとしました。

（福岡県M・S　8歳女、5歳男）

寝る前の読み聞かせをしたいと思いつつ、時間がないので読まないと言ったら、

「読んでくれるってさっき言った〜　嘘つきぃ〜」と泣き出された。「時間がないって言ったでしょ！」と怒鳴る私と「やだ〜　読んで〜」と泣く我が子と押し問答。そんな大騒ぎをしている暇があったら短い本を1冊終えられていただろうに…なかなか冷静になれません！
（東京都O・M　5歳男）

寝る前までの時間をだらだらと過ごす娘に、怒りのボルテージが上がり、「早くしなさいっ！」と爆発させてしまうと、娘も私に対抗して「うるさいっ！」と爆発して返してきます。娘のやる気ではなく、やらない気を増長させてしまいます（反省）
（東京都M・O　8歳女）

どうですか？　自分に当てはまる事例があるのではありませんか？　もしかしたら、
「我が家のことを見てたのでは？」
と思われるお母さんがいらっしゃるかも（笑）
これらは、あなただけのことではありません。親であれば誰でも経験していることなのです。独身のときには怒ったことはなかったのに、どうして子育てだとこんなに怒ってしまうの？　他人の子どもなら全然気にならないことも、どうして我が子だとこんなに気になってしまうのだろう？　と不思議になりませんか？

これらは「怒り」の感情がさせていることなのです。考えてみれば、自分が子どものときは気に入らないことがあると怒っていませんでしたか？　それなのに、大人になるにつけ、心の中では怒っていても、表面上は冷静を装う術を身に付けてきたのではないでしょうか？　それが**なぜか、子どもを持つと冷静を保つことが難しくなって、怒りの感情を爆発させるようになってしまう**のです。それらもすべて、もともと人間に備わっている機能ですから仕方がないのです。決してあなたが悪いわけでも、あなたの子育てが悪いわけでもありません。

「怒り」の仕組みを知り、「我が子との心の距離感」を適正に保ち、「怒り」の感情を置き換える「言い換え術」を学ぶことで、「いつも爆発してしまう母」から、「時々しか爆発しない母」になることができます。「まったく爆発しない母」は難しいかもしれませんが（笑）

怒らないなんてムリじゃん

「怒り」の仕組みについては、第2章で説明しますが、「怒り」はもともと人間に備わった仕組みですから、「怒らない」ことはできません。子どもが親を怒らせる行動をしたときにいくら、

「落ち着け、落ち着け」

と自分に言い聞かせても、落ち着くことなんてできないのです。そして、落ち着けない自分に腹を立て、余計に怒りは増していきます。

それよりも、「怒った自分」を認めてあげましょう。もし子どもがイタズラをしたことでカッとなったら、「あ、自分は今怒っているな」と認めることから始めましょう。無理やり笑顔を作って、子どもに平静を装って諭そうとしても、子どもは見抜いています。「あ、今、お母さんは怒っているな」と。

だからまず、お子さんに言ってあげるのです。

「そんなイタズラをしたら、お母さんイライラしちゃうな」

と、素直に気持ちを表現しましょう。その後、どうするかは子どもに任せればいいのです。お母さんに怒られるのがイヤだったら、もうイタズラは止めるでしょうし、どうしてもやりたいことだったら、お母さんが怒ってもやり続けるかもしれません。それでいいのです。**大事なのは「子どもが自分自身で決める」ということです。**


案外、お母さんが自分の気持ちを子どもに伝えるだけで、上手くいくかもしれません（この場合はイタズラを止めるということ）。もしそれで、一度でも成功すれば、お母さんは「成功体験」を積むことになります。そうすれば、その次に同じことが起こったとき、もっとスムーズに対応できるでしょう。


私は子育てはスポーツと同じで、訓練が必要だと思っています。いくら勉強して理論だけを理解しても、実践できるようにならないと、結局上手くいかないのです。だから、一度や二度怒ったくらいで凹む必要はないのです。

「自分は今、訓練中」

と思えばいいのです。スポーツでも芸術でも一度で上手くできるわけはないのですよ。

怒ってもケロリ

お母さんだって人間ですから、怒ってしまうこともあります。怒ったことがない人間を探すほうが難しいくらいです。それくらい、「怒る」ことは人間にとって自然なことなのです。自分が思っていたことが目の前の現象と違った場合、自分がしたいことが上手くできなかった場合、怒りは心の中で自然にわくものです。

特に子育ては、思ったようにはできません。まだ幼い、人生経験もない子どもを相手にするのですから当然です。２歳の子どもと靴を履いて外出するだけでも、靴をお母さんが履かせるのか自分で履くのか、どの靴を履くのか、右足から履くのか左足からなのか、で玄関先で大騒ぎになります。お母さんが思うようにすんなりと靴を履いてはくれません。

挙げ句の果てには、お母さんが履かせたのが気に入らない、自分で履きたかったと

難癖をつけてきます（笑）　こんなときに怒りのわかない人間なんて世の中にいるのでしょうか。とうとう、堪忍袋の緒が切れて、

「いい加減にしなさい！」

とお母さんは怒ってしまいます。

よく怒りそうになったら、「３秒待つ」とか「深呼吸をする」といいとか言いますが、一旦怒り出してしまったら、自分で自分を止めることはできません。子どもが泣き始めるまで怒り続けてしまうのです。子どもが大泣きする姿を見て、

「あ～あ、今日も怒っちゃった。私って何てダメな親なんだろう（凹）」

と落ち込んでしまいます。

こんなときは、考え方を変えましょう。一旦怒り出してしまったら、自分で止めることはできません。そして、止める必要もないのです。そして、落ち着いたら、

「今日はたまたま怒ったけれど、ウチの子なら大丈夫！」

と自分を慰める言葉をかけましょう。ポイントは「たまたま」です。いつもはしないんだけれど、今日は「たまたま」怒ってしまっただけです。「たまたま」が毎日だっていいのです（笑）　そう思えたら、きっと明日は、子どもが靴を履くのをゆっくり待ってあげることができますよ。

どうして怒っちゃいけないの？

一般的に「子どもは褒めて育てましょう」とか、「お母さんは家庭の太陽だからいつもニコニコしていましょう」とか言われます。確かに、そうできればそれに越したことはありません。

でも、間違って欲しくないのです。「怒ってはいけない」と言っているわけではないのです。一番良くないのは、お母さんが怒ってしまった後、落ち込んでしまうことです。

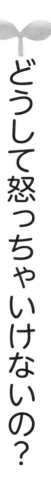

お母さんが落ち込んでしまうことで、間接的に子どもの自己肯定感を下げてしまうことになるのです。

それよりも、子どもの自己肯定感を下げない言い方を考えてみましょう。子どもは

親のして欲しくないことをしてしまうものです。そのときに、

「あなたはダメな子」

と言うのではなく、

「お母さんは○○ちゃんが大好きだけど、これはしてはいけなかったね」

と言ってあげられたら最高ですね。


つまり、「あなた自身がダメ」というのではなく、「あなたのことは大好きだけど、あなたのした行為がいけなかったのよ」ということを伝えるのです。これができるようになるためには、ちょっとした訓練期間が必要です。できなくて怒ってしまっても落ち込むことはありません。「今は訓練期間だから仕方がない」と思いましょう。

何よりも大事なのは、お母さん自身が落ち込んで子育ての軸が揺れてしまわないようにすることなのです。

column

怒りのベクトルを変える３つの裏技

その１　地蔵作戦

怒った気持ちを、「怒り」としてぶつけるよりも、お地蔵様のように黙り込んでしまったほうが、子どもには効果があります。

感情をなくしてお地蔵様のように表情もなくしてみましょう。

子どもはお母さんの笑った顔が大好きで、無視されることが一番イヤです。だから無表情でいることで、子どもたちはちょっと不安になります。

子どもに直接怒りをぶつけるよりも、効果的ですよ。

その２　暖簾に腕押し作戦

子どもが駄々をこねてどうしようもないとき、親のイライラは募ります。そんなときは、暖簾に風が吹くように聞き流してしまいましょう。

「そうだったの」

「イヤだったのね」

と相槌を打ってあげると、お母さんに無視されたとは思いません。でも、反応が自分の期待しているものとは違うのでそのうち子どもはバカバカしくなって諦めるでしょう。

その３　天井から自分を見る

子どもを怒ってしまったとき、天井から自分を見る感覚を意識しましょう。つまり、客観的に自分と子どもを見るということです。

そうやって、「ガミガミ怒っている醜い自分」に気づけたらしめたもの。怒りがスーッとおさまっていきますよ。

第2章

「怒り」の仕組み

「怒り」の仕組みを知って自分を客観視しよう

第1章でも、「怒りは誰にでもわくもの」と説明しました。それは、なぜでしょうか？　もし、「怒りの感情」がなかったら、人間はどうなるのでしょうか？　一見、怒りの感情はないほうが穏やかに生活ができそうですね。少なくとも子育てのときに、親に怒りの感情がなかったら、どんなにいいだろうと思っているお母さんお父さんは多いでしょう。

そもそもなぜ、「怒り」の感情はあるのでしょうか？　どんなときに「怒り」の感情がわくのでしょうか？　まずは、「怒り」を理解することから始めましょう。

人間も動物です。動物の使命は生き延びて子孫を残すことです。生き延びることができなければ、子孫を残すこともできません。

もし、自分が現代ではなく古代に住んでいると考えてみましょう。ライオンやその他の動物たちも同じ場所に住んでいると思ってください。

自分が歩いている道の先にライオンが寝そべっていたとします。あなたならどうしますか？　そのまま歩いて行くと、ライオンに食べられてしまうかもしれません。それでは、その道を歩くのを諦めますか？　その道の向こうには、大好きな食べ物があるとしましょう。そのまま道を進みたいのに、ライオンがいて進めない状況です。ライオンに対する恐れもあるでしょうし、大好きな食べ物が食べられない悔しさもあるでしょう。それらの気持ちが心の中で混ぜ合わさると「怒り」に変わっていきます。

「あのライオンさえいなければ、自分は大好きなものが食べられるのに」

と考えると、ライオンに怒りを覚えるでしょう。

そんなときに、ライオンが目覚めてこちらに向かって歯をむき出して走ってきたとします。**もし、怒りがない場合は、恐怖だけを感じることになります。**逃げ場がない場合には、すくみ上がってしまいます。でも、「怒り」の気持ちがわきあがっていれば、恐怖だけではないはずです。

「何とかしてライオンを倒して、自分の大好きな食べ物を手に入れよう」

と考えるかもしれません。

そんな風に、前向きに考える力、自分の思うように物事を進めたくなる力がわき起こるのも「怒り」の感情があるからです。そういう意味で、「怒り」の感情は人間にとって、なくてはならない感情なのです。

そんな風に「怒り」の感情は必要なものですから、もし自分が子育て中に子どもに怒ってしまっても、落ち込むことはありません。必然だからです。でも、この「怒り」の感情の仕組みを知って、冷静に自分を見ることができれば、怒ってしまうことが自分のせいだと思わなくて済むのです。

「今日も怒ってしまった自分はダメな親だ」と自己嫌悪に陥ることがなくなります。第1章でも書きましたが、親が怒ることの一番の弊害は、子育ての軸が揺れてしまうことです。親の心が不安定になれば、子どもの心も不安定になってしまいます。そうすると、親も子も自己肯定感が低くなってしまうのです。

でも、怒ってしまうのは必然で自然なことだと理解できていれば、落ち込む必要がなくなります。そうすると、冷静に自分を見ることができるようになります。自分を冷静に見ることができれば、どうすれば怒らなくて済むかを、考えることもできるようになります。

「怒り」は必然の感情ですから、なくすことはできませんが、「怒り」の感情を別の表現にすることはできます。「怒り」のベクトルを別の向きにするわけです。そのためには多少の練習をする必要がありますが、練習をすれば、誰にでもできるようになります。つまり、自分を客観的に見ることができれば冷静になれ、「怒り」の表現を別の方法にすることができるというわけです。

この章では、「怒りの仕組み」を解説し、「怒りの仕組み」を理解していただくことで、自分を客観的に見る練習をしていただきます。自分を客観的に見ることができれば、必ず冷静に自分を見つめることができるようになります。冷静に自分を見つめれば、「怒り」の感情をそのまま振り回すことはなくなります。

まずは自分を信じること。「自分は怒りを別の方法で表現できるようになる」と心の底から思い込むことが大切です。「できれば怒りたくない」「怒らないようになったらラッキー」くらいの思い方では、自分を変えることは難しいです。まず、「怒らない自分」と「のびのび能力を伸ばしている我が子」をイメージしてください。それが心から思えたら、きっと「怒らないお母さん」になれるでしょう。

「怒り」は身を守るために必要なもの

前の頁でもご説明しましたが、怒りは身を守るために絶対に必要な感情です。誰にでもあるものです。ただ、その怒りの感情の表し方を変えていけばいいのです。

子育て中には、思い通りにならないことが何度となくあります。例えば子どもが水を出しっぱなしにして遊んでいたとします。親は「もったいない」という気持ちや「水道代」の請求書のことを考えますから、イライラしてきます。「水遊び」自体は子どもにとって必要なこと、大切なことということは理解できます。でも、この場合はイライラしてしまうのです。そんなとき、最初はガマンするものです。でも、5分10分経つと、ガマンしきれなくなります。とうとう、

「いい加減にしなさい！　お母さんを怒らせないで！」

と怒鳴ってしまったりしませんか？　お母さんの心の中では、

「自分はこんなにイライラをガマンしているのに、私を怒らせる子どもが悪い！」

という考えが広がってしまうのですね。

冷静になると、「水遊びは必要なことである」と「水道代を考えると許せない」という相反する気持ちが自分の心にあることがわかります。子どもはちっとも悪くないのです。お母さんを困らせるためにやっているわけではありません。それが理解できると、子どもにかける言葉が変わるのです。

「それ以上すると、お母さん怒っちゃいそうよ！」

これを聞いた子どもはどう思うでしょう？　まず、自分が怒られたとは感じないでしょう。お母さんからの悲痛な声を聞いて、もしかしたら、蛇口を閉めるかもしれません。反対に、お母さんは可哀想だけれども、自分はそれでも遊びたいと思うかもしれません。**これは子どもの判断です。子どもが自分で考え、行動しているのです。それが、お母さんの考えと合わないだけなのです。**

そのときには、子どもを尊重するなり、思いっ切り怒るなりしてもいいでしょう（笑）だって、選んだのは子どもですから。

ちなみに私は、「水遊びの水道代は教材費」と思っていましたから、子どもの水遊びにはかなり寛大でいられました。それは、事前にイメージをしていたからです。もしイメージをしていなかったら、私も雷を落としていたかもしれませんね（笑）

今日したことを明日もしたほうがラク

人間の脳は保守的です。新しいことをするよりも、昨日までしていたことを続けるほうがラクなのです。あなたが朝、寝ぼけたままで、朝ご飯だってお弁当作りだってできるのは、昨日まで毎日作っていたメニューを繰り返すからですね。朝から新しいメニューに挑戦するなんて、寝ぼけたままではムリですね（笑）

大人だってそうですから、子どもだって当然です。昨日まで自分がしてきたことが当然正しいと思っています。本当に正しいかどうかは別にして。

小学生のお子さんは忘れ物をすることもあると思います。それが何日も続いたり、学校の担任の先生との面談で、

「お宅のお子さんは忘れ物が多いです」

と言われたりすると、お母さんは焦りますし、イライラしてきます。そうすると子ど

もに当たってしまうのです。

「あなたはいつも忘れ物ばかりして…」

このとき、お母さんの頭の中は、「過去・現在・未来」すべてにおいて忘れ物をする我が子のイメージができています。確かに、過去と現在は忘れ物をしているかもしれません。でも、未来に忘れ物をするかどうかは、今の時点ではわからないはずです。**それなのに、未来にわたって忘れ物をする我が子をイメージしていたら、そのイメージは子どもに刷り込まれていきます。**子どもは、

「未来も忘れ物をする自分」

をイメージしながら育つことになってしまいます。そうすると、本当に未来にわたって忘れ物をするようになってしまいます。だから、お母さんは、

「この子は未来には忘れ物をしない子になっている」

ことを今からイメージすることが大切です。では、どう言えばいいのでしょうか？

「今日はたまたま忘れたのね。明日は大丈夫よ！」

こう言ってあげられたら、この子はきっと、

「自分は忘れ物をしない人間だ」

というセルフイメージを持つことができるでしょう。

三日坊主は脳の命令

繰り返しになりますが、人間の脳は保守的で、新しく始めるより、継続するほうが簡単だと考えています。だから、ダイエットだって、三日坊主になってしまって続かないのです。それは新しい習慣（やせること）よりも、昨日までしていたこと（食べること）を続けるほうがラクだと、自分の脳が判断したからですね（笑）

ダイエットだけではなく、日記を書くことだって、掃除をすみずみまですると決心したことだって、三日坊主で終わってしまいます。

子どもが宿題をする前に、ランドセルを玄関に放り出して遊びに行ってしまうのだって、いつまでも寝ないで漫画本を読んで夜更かしするのも、それが昨日までしてきた習慣だからなのです。

そんな**習慣には必ず、「最初」があります。初めて宿題をせずに遊びに行ってしま**

った日、初めて漫画本を読んでいつも寝る時間より遅くまで起きていた日、その「初めての日」が肝心なのです。でも、そんなことは親にだって「初めての日」。宿題をせずに遊びに飛び出した我が子に唖然としながらも、

「今日は忘れちゃったのよね」

「今日はそんな気分だったのかしら」

と大目に見てしまうことが多いのです。もし我が子が、

「ま、いいか」

と言っているのを聞いたら、それは脳が「ラクなほう、楽しいほうに方向転換していて、今までのルールが変わっている」証拠だと思いましょう。そして、そのラクな楽しい習慣に脳が変換してしまったら、そこから元の習慣に戻るのはとても難しいのです。そのことに親が気づくことが大切なのです。もし、親が本来の目的を思い出すことができたら、

「ラクなほうに流れちゃいけないんだよ」

と注意することができます。そうすれば、子どもも本来の目的を思い出すことができるのです。

自分の脳は「他人」だと思おう

前の項を読んでいたら、

「脳って何？　自分のモノじゃないの？」

と疑問に思われたでしょう。これはあくまでも私の考えですが、私は「自分の脳は他人」と思っています。自分のモノと思っていたら、自分で自由にコントロールできると思うでしょう。でも、脳は自分で自由にコントロールすることができないのです。自分の意思より強い何かで支配されているので、なかなか自分の力では動かすことができないのです。だから、つい子どもを怒ってしまうのも仕方がないことなのです。

そして、他人である脳の狙いは自分のことを、

「自分はダメな人間」

と思わせることではないかと思っています。そうやって、「変わりたい自分」を「変わることができない自分」にしてしまおうと企てているのではないかと思えるくらい

です。だから、自分のことをダメな人間と思ってしまったら、自分を変えることはできません。脳の思うツボです（笑）

もし自分を本当に変えたいと思うならば、上手くいかないことを「自分がダメだからだ」と思わないことです。例えば、子どもをつい怒ってしまったとき、

「自分はダメな親だ」

と思わないことです。それよりも、

「怒ってしまったのは、脳がそうさせているだけだから、私は大丈夫！」

と自分に言い聞かせましょう。そうすると、子どもを怒ったこと自体が、イケナイことではなくなります。そして、

「明日は大丈夫！　私は怒ったりしない」

と声に出してみましょう。そうすれば、できそうな気がしてくるから不思議です。

実はこれは、私が子育て中にいつも使っていた方法です。だって、子どもは、やって欲しくないことばかりしますから、イライラしてつい怒ってしまいそうになってしまうものだからです。

「怒り」のバケツ

子どもが思う通りにならなかったり、イタズラをしたりすると、カッと頭に血が上ります。そうすると、子どもに意識が向いてしまいます。

「私を怒らせるこの子が悪い」

「キチンとさせなくては」

とまるで、道に逸れたときに元に戻さなくてはならないような感覚にとらわれます。

「ちゃんとしなさい！」

と言っても、子どもが言うことを聞かないと、ますます元に戻さなくてはという使命感にも似た気分になります。


でもここで、ちょっと違う視点から考えてみましょう。「怒り」とは一体何でしょう？　子どもがイタズラをしたそのことだけが、怒りに繋がっているのでしょうか。

実は、そうではありません。私はこんな風に考えています。**私たちの体の中には**

「怒りのバケツ」があります。そのバケツがカラに近ければ、多少自分の思う通りにならないことが起こっても、笑顔で受け流すことができます。例えばあなたも、子どもを預けて美味しいランチを食べてきた後は、子どもが多少のイタズラをしても笑顔で受け流せるのではありませんか？　でも朝、時間がないときに子どもが同じイタズラをしたら、爆発して怒ってしまった経験はありませんか？　同じイタズラでも、自分の心の状態によって、受け流したり、怒ってしまったりするのです。

では、「怒りのバケツ」はどんなことで一杯になってしまうのでしょうか。このバケツの中身は、怒りだけではなく、ストレスも入っています。例えば、時間的に余裕があるときには怒らなくて済むことも、朝の時間がないときには、イライラして怒ってしまうのです。その他にも、ご主人と夫婦喧嘩をすると、子どものちょっとしたイタズラにも、声を荒げてしまったりします。

また、住環境のストレスや、仕事のストレスが溜まると、いつもは怒らないようなことでも、必要以上に子どもを怒ってしまうこともあるでしょう。だから、なるべく「怒りのバケツ」をカラにしておくことが大切です。そのためにお母さんがストレス発散したり、ママ友とおしゃべりしたりすることも「怒りのバケツ」をカラにするためには大事なことなのです。

感情はサンタの袋

ここまで、「怒り」について説明してきましたが、今度は「感情」について見てみましょう。私たちはいろいろな感情を持っています。うれしい感情もありますし、悲しい感情もあります。怒ることも感情の一つです。

「喜怒哀楽」というように、私たちの心の中にはいろいろな感情が渦巻いています。人間の心の中を見ることはできませんが、ここでは、心を袋として考えてみます。サンタクロースをイメージしてみてください。プレゼントが入った大きな袋を持っていますね。中にはいろいろなおもちゃが入っています。心の袋もそんな感じだと思ってください。心の中にはいろいろな感情が入っています。そして、「怒りの感情」が袋の一番入り口に、その他の感情は袋の奥に入っていると思ってください。

何か、自分の思う通りにならないことが起こったとき、心が反応します。そのときに、「怒りの感情」は入り口近くにあるために、出やすいのです。だから、人間はすぐに怒ってしまうのです。特に子育て中のお母さんは、袋の口がすぐに開いて怒りの感情が出て来やすいのです。

実は怒ってしまったとき、「怒りの感情」は起こった事実そのものにわいて出ている訳ではないのです。例えば、コップの水を子どもがこぼしたとき、ついつい親はカッとなって子どもを怒ってしまうことがあります。周りに人がいるレストランなどでは余計に怒ってしまいがちです。このときの感情を冷静に見てみましょう。お水をこぼしたことに怒っているのではなく、「後片付けがメンドクサイ」とか「周りのお客さんから、躾《しつけ》のなっていない親と思われている」とかそんな気持ちがするはずです。そのことに対して気持ちの持って行き場がなくて、怒ってしまうのです。**「怒り」の感情は二次感情と言われています。**二次感情の前には、必ず一次感情があるのです。この場合は「メンドクサイ」「恥ずかしい」という感情です。その一次感情がすぐに解決されないと、心の入り口近くにある二次感情が先に出てきてしまうのです。

子どもを怒りそうになったら、一次感情が何かを考えてみてください。もし一次感情がわかったら、怒りの感情は出にくくなるはずです。そのためには、カッとなったときに自分の一次感情を探す練習をするといいでしょう。

column

スマホは「怒り」の製造機

今や、スマホは生活の中でなくてはならないものになりました。

お母さんたちの間でも、持っていらっしゃる方が多いでしょう。

スマホは小さな画面を持った機械です。テレビと違って小さな画面を見ますから、大勢で共有することはできません。一人で独占することになります。

そして、スマホのアプリやゲームは、使用する人が専念して満足できるように作ってあります。だから、ついつい夢中になります。いわゆるハマってしまうという状態です。

そうなればなるほど、**周りの世界が見えずに、スマホの中にのめり込んでしまうのです。そうすると、それを邪魔するものに対して怒りを感じてしまうのです。**

しかし、子どもはお母さんにはずっと自分を見ていて欲しいという欲求があります。お母さんが自分以外の人やモノに熱中すると必死で邪魔をしようとします。

スマホは特に熱中度が大きくなりますから、子どもは邪魔しようとします。しかし、スマホにのめり込んでいればいるほど、子どもに邪魔されるとお母さんは腹が立ってしまうものなのです。ご注意くださいね。

第3章

「怒る」と「叱る」は大違い

「怒り」ながら「叱る」ことはできません

今まで「怒る」「怒り」のことについて書いてきました。ここでは、よく似た言葉「叱る」についてお伝えしようと思います。「怒り」の感情は誰にでもあるものですし、人間が生き延びるために必要な感情ですから、必然と言えます。しかし、「怒る」ことは自分の感情をそのまま子どもにぶつけることですから、できればなるべく回数を減らしたいものです。

ここで、「叱る」ということについて書いてみたいと思います。「怒る」と「叱る」はよく似た意味で使われます。中には混同してしまう人もいるようです。

「あなたがいい子にしないから、お母さんに叱られるでしょう（怒）」と子どもを怒ってしまったことはありませんか？　これは、「怒る」と「叱る」を混同してしまっている例です。「？」の方のためにご説明します。

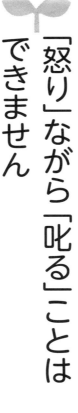

「怒る」は自分の感情です。自分がカッとなって、怒ってしまうことです。また、その怒りの感情をそのまま相手（子ども）にぶつけることです。ぶつけられた相手（子ども）は、対抗するために反抗したり、反抗できない子どもは萎縮したりします。

「叱る」は相手を思いやっての自分の行動です。相手が間違っていたり人に迷惑をかけたりしたときに、相手のために行動を起こすことです。諭すこともあるでしょうし、行動で表すこともあるでしょう。ときにはキックお説教をすることもあるでしょう。いずれにしても、自分が怒っていては「叱る」ことはできないのです。自分が冷静であるからこそ、「叱る」ことができるのです。

「怒る」と「叱る」はよく似た言葉のようですが、その感情は正反対のものなのです。「怒りながら叱る」ことはできません。だから、親は子どもを叱るときには冷静でいなければならないのです。これはとても難しいことですね。

子どもが自分の思う通りにならないときに、親の心には「怒り」の感情がわき起こります。その感情を子どもにそのままぶつけると、「怒る」ことになります。これは避けたいところですね。それでは、どうしたらいいのでしょうか？

そのためにはいろいろな方法がありますが、大きく分けて二つの方法があります。一つは子どもとの心理的な距離をなるべく大きくすること。もう一つは、怒りを置き換えて別の方法で伝えるということです。

間違っても「怒りをガマンする」ことはしないでください。「怒り」はガマンしてもなくなるものではありません。一度、起こった「怒り」は心の中でくすぶり続けます。そして、次の機会に2倍3倍の大きさになって子どもにぶつけてしまうのです。

先ほどあげた二つの方法ができるようになると自然に、「怒り」の感情は静まり、子どもに怒ることなく冷静に「叱る」ことができるようになるのです。ここが本当に理解できたら、まず、お母さんの言葉が変わってきます。

子どもがイタズラをしたときに、

「そんなコトするから、お母さんに叱られるでしょう（怒）」

（この言葉は間違いだと、もうおわかりになるでしょう）

という言葉から、

「それ以上すると、お母さんは怒ってしまいそうよ」

という言葉になるのです。そうすると、お母さんも子どもも無駄に怒ることなく、萎縮することもなく、判断ができるようになります。そして、判断を子どもに渡しますから、お母さんは子どもの判断を待ちましょう。

もし、子どもがそのままイタズラを続けるようなら、お母さんは思いっ切り怒ってもいいのです。だって、子どもがそれを選んだのですから。でも、大抵の場合、子どもはお母さんの感情を優先して、イタズラを止めてくれるでしょう（笑）

このように、「怒り」はガマンするのではなく、お母さんの気持ちを子どもに上手に伝えることで、無駄に怒ることなくその場をおさめることができます。

そうすると、お母さんは後で反省したり、凹んだりしなくて済むのです。

これは、言い換えると「子育ての軸」ができた状態と言えます。お母さんの心がブレなくなれば、子どもは安心して「自分軸」を作ることができます。そして、子ども自身の自己肯定感を高くすることができるのです。

とは言っても、実践するのは難しいと感じられるお母さんも多いでしょう。

この章では、「怒る」を「叱る」に変えるための具体的な方法をお伝えしたいと思います。

「怒る」は自分に視線が向く、「叱る」は子どもに視線が向く

先ほど「怒る」と「叱る」は、似て非なるものと書きましたが、感情が正反対でもありますが、向いている視線の先が正反対でもあります。例えば、

「お母さんは、そんなことをする○ちゃんはキライ！」

と言ったとします。このとき、視線の先は「自分」に向いています。つまり、自分の心の中（○ちゃんはキライ！）の感情を子どもにぶつけているのです。

視線を向ける先を変えることを理解すると、お母さんの言葉は自然と変わります。

「大きくなってもそのままじゃ、○ちゃんが困るのよ」

こんな言い方になります。視線は子どもに向いています。子どものためを思っての言葉になっています。もちろん、怒ったまま言ったのでは逆効果ですが、冷静に諭してあげると、子どもも冷静に自分の行動を振り返ることができます。もし子どもが、

「このままじゃダメなんだ、自分を変えなくては！」

と自分で思えたなら、自然と変わっていくでしょう。

また、

「お母さんは○ちゃんはキライ」

という言葉は、子どもを全否定することになります。もちろん、お母さんにそんなつもりはありません。子どものことは大好きだけど、行動を改めて欲しいわけです。でも、自分を全否定されてしまった子どもは、もうその後の言葉は耳に入ってきません。だから、子どもを否定するのではなく、子どもの行動を改めて欲しいということを強調しましょう。もちろん、心の中では怒りの炎が燃え、

「この子なんか、いなかったら良かったのに（怒）」

と思ってしまうかもしれませんが、その気持ちをそのままぶつけるのではなく、子どもに伝わる言葉にかえて口に出すようにしましょう。そのときに、自分の感情に視線を向けるのではなく、子どもの未来に視線を向けられると自然にできるようになります。かく言う私も、

「この子がいなければ、どれだけラクだったか！」

という思いを経験したのは、一度や二度ではありません（笑）

「怒る」が積み重なるとどうなる？

前の章で「怒り」をガマンするのは止めましょうと書きました。「怒る」ことを「噴火する」とも表現するように、「怒り」はマグマのようなものです。一旦、噴火してしまったら、止めることはできません。

だからと言って、ガマンしようとすればするほど、怒りが積もってきて、結局大爆発！　ということになりかねません。

お母さんが怒るときによく使う言葉に、

「何回言われたらわかるの？（怒）」

というのがあります。最初は優しく、

「それは止めようね」

と言っていても、子どもは止めようとはせずだんだんエスカレート。それに従って、お母さんの言い方も少しずつキツく、声も大きくなっていきます。そしてとうとう、

「何回言われたらわかるの？（怒）」

という大爆発になってしまうのです。

それならば、大噴火になる前に、その場その場で伝えていきましょう。そして、一回ずつリセットするのです。そのときに大事なのは、お母さんの心の中の、子どものイメージです。

「この子はどうせできない子」

というイメージは止めましょう。それよりも、

「この子はできる子。今はできなくてもきっと将来はできる子」

と心の中で具体的にイメージをしてみましょう。そうすると、

「今日はたまたまできなかったのね。でも明日はきっとできるよ」

と言葉が変わってくるはずです。言葉はお母さんの心の中のイメージをそのまま形を変えて出てくるものだからです。言葉だけを取り繕っても上手くいきません。子どもには見破られてしまうからです。

「この子はできる子」と親から思われて育った子どもと、「この子はどうせできない子」と思われて言葉をかけ続けられた子どもでは、10年後20年後の姿が違ってくるのは当然と言えるでしょう。

叱り方いろいろ「ダメ」をどう表現する？

「ダメ！」と子どもに言ったことのないお母さんはきっと日本中を探してもいらっしゃらないでしょう。それくらい、お母さんであれば使ってしまう言葉です。言い換えれば、それほど相手は傷つけてはいないと思っているのです。なぜなら、お母さん自身は「子どもの行動がダメ」と思っているのです。「子ども自身をダメ」とは思っていないのですね。例えば、子どもが壁に落書きをしているのを発見したら、親であれば止めさせようとするでしょう。そのときに、

「ダメ！」

と言ってしまいます。それは「落書きをしてはダメ」という意味ですね。

しかしここでちょっと、受け取るほうの子どもの立場になって考えてみましょう。落書きをしている子どもは大抵の場合、悪気《わるぎ》はありません。書きたいから書いているだけでしょう。そして、熱中して集中して書いています。そんなときにいきなり「ダ

メ！」と言われたらどうでしょう？　びっくりしますね。そしてその「ダメ」という言葉を、「自分はダメな人間」と人格否定の言葉に受け取ってしまうかもしれません。

もちろん、たった一回の「ダメ」で自分をダメな人間だなんて思わないでしょう。でも、毎日毎日、「ダメダメ」とお母さんに言い続けられたら、だんだんと子どもの心の中は「ダメ」という言葉で満たされてしまいます。そしてとうとう「自分はダメな人間だ」と思ってしまっても仕方がないのです。


私自身は子育ての中で、この「ダメ」という言葉をなるべく使わないようにしてきました。でも、ついつい出てしまうこともあります。そうならないために、対策を立てました。**あらかじめ「ダ」がつく言葉をストックしておいたのです。**

「ダンプカー」「ダチョウ」「ダンボール」…。


そうすると、咄嗟《とっさ》のときに「ダメ」という代わりに、

「ダ・ダ・ダ・ダンプカー！」

と言えるのです。結果として、ギャグとして子どもの笑いを誘うことができました。

ぜひ、試してみてくださいね。

叱り方いろいろ「早くしなさい！」をどう表現する？

「早く！」これも親であれば、よく使ってしまう言葉です。親はすでに何十年も生きてきていろいろな学習をしていますから、目の前のことを効率よく行う方法を知っています。でもまだ数年しか生きていない子どもに、効率を求めるのは無理があります。

そして、お母さんが「早く、早く」と言えば言うほど、子どもは動かなくなってしまうという事実があります。例えば、朝なかなか起きようとしない子どもに、

「早く起きなさい！」

とはよく言ってしまう言葉です。最初は優しく、

「おはよう！　朝だから起きようね」

と言っていても、子どもがまったく反応しないで布団から出ようとしないと、

「もう、朝ごはんができたよ。起きなさい」

とちょっとお母さんの声は大きく太くなります。それでも起きて来ない子どもに業を

煮やすと、

「いつまで寝ているの！　早く起きなさい！」

と大声で怒鳴ってしまいます。そうすると子どもはやっと布団から這い出して起きてくるのです。親としては１回目でサッと起きて欲しいのですが、そうはなりません。だって、子どもには１回目２回目のお母さんの声は聞こえていないのですから。子どもの頭には、

「１回目２回目は反応しなくて大丈夫。３回目にお母さんの声が大きくなったら、起きよう」

とすでにインプットされています。

こんな状態にすでになっていたら、**子どもの頭のスイッチを変えてあげればいい**のです。そのために、親子の機嫌のいいときに、話し合いをしましょう。

「あなたは、一人で起きられる子だから、これからは目覚まし時計で起きようね。お母さんは朝ごはんを作りながら待っているよ」

と親子で納得できるように話しましょう。決して親からの一方的な命令ではいけません。子どもが心から納得すれば、明日の朝からは一人で起きてくるでしょう。

「やっちゃった（凹）」感情で体罰

「何回言ったらわかるの！」

バチン！　と子どもの頭やお尻を叩いた経験のあるお母さんもいらっしゃるでしょう。体罰はいけないとわかっていても、考えるより先に手が出てしまいます。頭ではわかっていても、一瞬だけでも怒りのストレスがなくなるので脳にとっては快感なのです。だから止めることが難しいのです。でも、その後で大きな後悔がやってきます。

一度手が出てしまうと、いくら反省しても脳の学習機能が働いて、次のときにもつい、手が出てしまうのです。そうやって、習慣化してしまいます。

果たして、体罰は本当にイケナイことなのでしょうか。私はそうは思いません。

体罰には二種類あると思います。「怒りの感情で行ってしまう体罰」と「子どもを叱るために冷静に行う体罰」です。前者はいわゆるよくやってしまう体罰、後者は命の危険を避けたり取り返しのつかない事態を避けるための体罰です。この区別はとても難しく、感情の体罰を「躾のため」と勘違いしている大人は多いように思います。いわゆる「愛のムチ」ですね。

「叱るための体罰」は、子どもを躾けるためとは大きく違います。道路に飛び出したり、人の命に関わるときに子どもにその場で理解させるための体罰です。

我が子の一人が幼稚園のときに、家の前を通る車に向かって石を投げているのを発見したことがあります。それを見たとき、私の心臓は止まるかと思いました（笑）もちろん、頭にカッと血が上って怒りを感じましたが、私はきちんと理解させるためには、第1章のコラムに書いたように、自分の目を天井に飛ばしました（家の外だったので天井はありませんでしたが（笑））。そして子どもに、

「もし、運転手さんに当たったら、事故を起こして死んじゃうかもしれないのよ」

と子どもの目の高さで話しました。そして、

「〇ちゃんのことは大好きだけど、あなたのお手手がいけなかったから、お母さんは、お手手をパチンするよ」

と予告をしてから、右手が真っ赤になるくらい思いっ切り叩きました。子どもは目に涙をためながらも、泣くこともなくじっと考え込んでいました。その後、その子が石を投げることはなくなりました。

column

お母さんが言った「早く」は子どもにはどのように聞こえてる？

お母さんの口癖ナンバー１である「早く」という言葉は子どもにはどのように聞こえているのでしょうか？

心には「顕在意識」と「潜在意識」があります。
「顕在意識」は自分で思ったり、決心をしたりする部分で、
約10％と言われています。
「潜在意識」はいわゆる「無意識」とも言われる部分で、
心の約90％を占めます。

お母さんは子どもに早く行動して欲しいので「早く」と言ってしまうのですが、実は子どもの場合、お母さんの言葉は、潜在意識の領域にそのまま入っていきます。

潜在意識は、「自分は○○な人間である」というセルフイメージを作っていますから、潜在意識に入った「早くしなさい」という言葉は、「自分は早くできない人間」「自分はノロマな人間」というセルフイメージを作ってしまいます。お母さんの思惑とはまったく真逆になってしまうのですね。

生まれてから今日までに、子どもは何回「早く！（あなたはノロマな人間）」と言われてきたでしょうか。

そう思ったら、今日から「早く」と言うことが少なくなりそうですね（笑）

第4章

子育ては3年ごとにステージが上がる

子育ては3年区切りで考える

子どもは生まれてから、どんどん成長します。生まれて1年で、身長が約2倍になり、体重は約3倍になります。大人では考えられない成長ぶりです。150センチの身長の大人が次の年に3メートルの身長になることは決してありません（笑）

最初の1年間は、ものすごい成長ですが、次の1年はそれに比べればそれほどでもありません。しかし、それでも大人に比べればすごい成長ぶりです。大人は成長しきっていますので、もう子どもほどの成長を見込むことはできません。つまり、大人は子どもに比べればそれほど成長しないということになります。

親が子育てをするときは、どうしても自分の見方で子どもを見てしまいます。

つまり、自分があまり成長しないことを知っているので、子どもも同じだと思ってしまうのです。

昨日できなかったことは今日もできないし、明日もできないと思い込んでしまうのです。

でも実際は、昨日届かなかった机の上のお菓子を、今日は背伸びして取ってしまうかもしれないのです。昨日までできなかった問題も、今日はスラスラ解いてしまうかもしれません。

そんな成長著しい子どもも、親の言葉かけで成長が止まってしまうかもしれないのです。

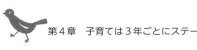

「どうせ、あなたにはできない」

「あなたはいつも遅いから」

と言われ続けると、できることもできなくなり、成長に連れて早くなることも早くすることができなくなったりするのです。

だから、**親は自分の経験や知識だけではなく、子どもの成長を冷静に見て欲しいのです。**私は子どもの成長は3年区切りで考えるといいと思います。つまり1～3歳（未就園児）、4～6歳（年少年中年長）、7～9歳（小学校低学年）、10～12歳（小学校高学年）、13歳～（中学生以上）と3年ごとに節目がきますから、その節目ごとに親の対応や言葉遣いをかえなくてはならないのです。

同じ「早く」という言葉でも、子どもの年齢によって言い換え方が変わります。幼稚園児の我が子がぐずぐずとなかなか着替えをしないとき、

「お母さんと競争しようか。ヨーイドン！」

と言えば、喜んで急いで着替えてくれますが、中学生の我が子に言っても無視されるだけです（笑）

我が子が小学生なら、

「今何時かな？　時計を見てみようね」

とキッカケを与えてあげれば、遊んでいても我に返って着替えるかもしれません。中学生になったら、もうかける言葉はありません。それまでに十分、

「あなたは一人でできる子よ。お母さんは信じているよ」

と言い続けられた子どもなら、もう何も言わずに見守るだけで、自分で時計を見て準備することができるようになっているでしょう。


この章では、各3年区切りステップでの「子育ての目標」「親のとるべき態度」「怒

りがわいたときの具体的方法」に分けて、説明したいと思います。

大切なのは、「子どもの成長は直線」ではなく、「階段を上るように3年区切り」であることをいつも頭の中においておくことです。そうすれば、今日できないことも明日にはできるかもしれないと考えることができます。そうすれば、怒ることも自然と減っていくのです。

このことを知らずに、昨日できなかったことは今日もできないと思い込んでいると、怒ることが増えてしまうのです。

入園式や入学式は子どもの成長を確認するためだけの儀式ではなく、親が、

「今日から子どもはステップを一つ上がったから、親である私も一緒にステップを上がろう」

と確認する儀式だと思っています。そしてその日から、子どもへの接し方や言葉をかえていくのです。そうすれば子どもも、自分がステップを一つ上がったことを強烈に感じることができます。

次頁から、各ステップでの、親の言葉に注目して言葉の言い換えを示していきます。

1～3歳

目標
『人生は楽しい』と子どもが思えること

親のとるべき態度
「子どもを可愛がる」

怒りがわいたときの具体的方法
「興味の方向を変える」

この時期は、子どもはこの世に生まれてきたばかりです。

「世の中って、どうなっているのだろう？」

と思っているかもしれません。**人生最初の時期で、子どもが「人生は楽しいもの」と思うか、「人生はツマラナイもの」と思うかで、その後の長い人生が大きく違ってくると思うのです。**

だから、親は子どもを思いっ切り可愛がってあげましょう。スキンシップも大事で

すし、

「大好きだよ。生まれてきてくれてありがとう」

という言葉のシャワーをかけてあげましょう。

親から愛されていることを実感した子どもは、

「自分は愛されている」

「自分は今のままでいいのだ」

「人生って楽しいもの」

ということを学びます。そうすれば、自己肯定感が高く育つことができます。自己肯定感とは、

「自分は今のままでＯＫ」

と思えること。子どもには自分のことを丸ごと愛してくれる人が必要です。それが、一番身近にいるお母さん、お父さんだったらどんなにいいでしょう！

でも、親ですから躾のことも気になりますし、怒ってしまうこともあるでしょう。

そんなときはどうしたらいいのでしょうか。

「挨拶だけはキチンとできる子どもにしたい」

「三つ子の魂百までというから、今、子どものワガママを許してしまったらジコチューな大人になってしまうのではないだろうか」

こんな考えが頭に浮かんできたら、

「今のうちにガツンと言ってわからせなくては」

と焦ってしまうかもしれません。

でも、そんなに慌てる必要はありません。**3歳までのこの時期に親から愛され、認められた子どもは、自己肯定感が高くなります。**そうすれば、3歳ではできなくても、大人になればキチンと挨拶のできる人間になるのです。

挨拶ができない子ども（大人も）は、恥ずかしくてできないことがほとんどなのです。

「こんなヤツには挨拶なんてしたくない！」

と思って挨拶をしないことはほとんどないのではないでしょうか？　挨拶したい気持ちはあっても、恥ずかしくてできないのです。それは、

「私が挨拶をして、無視されたり、笑われたりしたらどうしよう」

という気持ちです。大人の場合は、自己肯定感が低い場合が多いです。子どもの場合

はまだ生きてきた経験値が少ないですから、仕方がないことです。それを、

「ちゃんと挨拶をしなさい！」

と頭を親の手で無理やり下げさせられたら、子どもだって屈辱です。

「ボク（ワタシ）は挨拶ができないダメな子だから、こんな屈辱的な目にあうのだ」

とかえって自己肯定感は下がってしまいます。自己肯定感が高ければ、「自分は今のままでＯＫ」と思っていますから、自信を持って挨拶をすることができます。


こんな風に親が認めて可愛がってあげることで、子どもは自分を認め自信を持つことができるようになります。生まれてから3年間の間に、その子が、

「人生って楽しいものだ」

と思えたら、一生前向きに生きていけるでしょう。挨拶ができることや、ワガママを言わない素直なことは、その後で十分身に付くのです。次の頁からは、1～3歳のお子さんにかける具体的な言葉で解説していきたいと思います。

1 パチンと手品

「いい加減にしなさい！（怒）」

↓

「パチン（拍手をする）！さあ、このお手手をよく見て」

3歳までの子どもは、突然グズったり訳もなく機嫌が悪くなったりします。今まで機嫌よく遊んでいたのに、ちょっとした一言や、思うようにならないことがあると泣き喚くこともあります。そうすると、親はオロオロしてしまいます。何とか泣き止ませようとするのです。

大人は、コミュニケーションを主に「言葉」で「論理的」にしていますので、子どもにも優しく言い含めようとします。

「何がいけないのか、言ってごらん」

「泣き止んだら、お菓子をあげるよ」

とできる限りご機嫌を取ろうとします。でも、子どもが泣き止まないととうとう、

「いい加減にしなさい！（怒）」

とキレてしまいます。そうすると子どもはますます火がついたように泣き出す…。

この頃の子どもには、きちんと口で説明できるだけの言葉があるわけではないし、理由もないかもしれません。だから、論理的に説明するとか、納得するとかでは収まらないのです。

論理的に考える代わりに、「感情的」に物事を理解しています。だから、「機嫌が悪い自分」に理由などないのです。それよりも、「感情的」に、今よりも面白いこと、興味のあることを示してあげればいいのです。

手品師がパチンと手をたたいて、手のひらから花や鳩を出すように、場面を切り替えるために、大きな音を出したり、動きを見せてあげるだけで、子どもは機嫌の悪かったことを忘れるでしょう。手品師がパチンと手をたたくのは、場面を切り替えて、「ネタを見破ってやろう」という聴衆の気持ちをそらすためだそうですよ。

2　あ、UFO！

「ぐずぐず言わないの！（怒）」
←
「あ、アレは何？　UFO？」

もう、このタイトルを見ただけで、想像できたと思います（笑）前の項と同じ「気持ちをそらす」パターンです。我が家の場合は、こちらのパターンのほうが多かったように思います。

子どもがグズったり、機嫌が悪くなるときは、たいてい下を向いています。積み木を積んでいて上手くいかなかったり、お絵かきをしていて自分の思うように描けなかったりした場合です。人間は下を向いていると気分も下向きになるし、暗い気持ちになりがちです。また、何か一点に集中しているときも顔が下向きになります。子どもも機嫌が悪くなるときは、たいてい下を向いています。そうすると、気分もますます悪くなるし、「機嫌が悪いこと」に意識が集中しますので、余計に悪くなるのです。

逆に**上を向いていると、気分が晴れ晴れとしてきます。自分の気持ちだけではなく、周りの風景や音などにも敏感になります。**

だから、上を指差し、

「あ、アレは何？」

とお母さんがびっくりした顔で子どもに声をかけると、子どもはつられて上を向きます。そうすると、泣いていたことを忘れ、機嫌が悪かったことも忘れてしまいます。

子どもだましのようですが、コレは効果のある方法だと思います。

特にまだ3歳にならない子どもは、言葉で言っても理解できないことが多いですから、意識をそらすことで、「機嫌の悪い気持ち」を置き換えてあげることがポイントです。小学生や中学生になるとこんな子どもだましの手は使えなくなりますが、３歳未満のお子さんなら、効果テキメンだと思いますよ！

3 怒りたくなったらくすぐり作戦

「早くしなさい！（怒）」

↓

「早くしない子はくすぐっちゃうよ〜」

「早くしなさい」は、子育てで言ってしまう言葉の中でもダントツに多いかもしれません。我が子が歩き出した頃から、中高生になるまで、使う場面は変わりますが、つい口から出てくるのは止められません。

子どもも物心ついたときには、「早くしなさい」の言葉のシャワーを浴びて育つわけです。第3章のコラムでも書きましたが、お母さんが「早く、早く」と言えば言うほど、子どもは自分のことを「ノロマな人間」と思ってしまうのです。

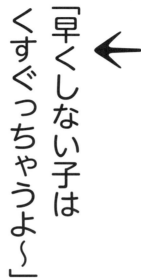

そして、子どもが何歳になっても使ってしまうこの言葉、子どもの年齢によって親の対応を変えていかなくてはなりません。**まず、3歳までの時期の子には、怒っても論理的に迫っても、無駄です。理解してはくれません。**

それなら、お母さんの怒った気持ちを別の方向にずらしましょう。私がよく使った方法は、「遊びに持っていく」ことです。

例えば、出かける前になってもなかなか子どもが着替えをしない場合、

「早くしない子はくすぐっちゃうよ〜」

とこちょこちょとくすぐってやれば、子どもは大喜びします。そうやって一通り相手をしてやれば、案外子どもは自分で着替え始めたりします。

要は子どもの心をどれだけ切り替えてあげることができるかなのです。もちろん、そうやって着替える前に遊びの時間を入れると、それだけ時間も手間もかかります。

だから、あらかじめ、遊びの時間を予定に入れられるといいですね。イキナリは難しくても、一度やってみて、上手くいったら、それがあなたの成功体験になります。そうすれば、その次からは遊びの時間を予定に入れることができます。

4 失敗は一緒に楽しんじゃえ

「どうしてコレができないの！（怒）」

←

「アラララ〜〜〜〜やっちゃったね（笑）」

親はすでに数十年の人生のキャリアがありますから、今起こっている出来事がこの後、どうなるかがわかっています。また、失敗しないための最善策もだいたいわかります。しかし、子どもはまだ生まれて数年。今、目の前で起こっていることが、この後どうなるかを想像することはできないのです。もちろん、失敗しないための最善策などわかるはずもないのです。そもそも目の前で起こっていることが、人生初めての経験だったりしますから。

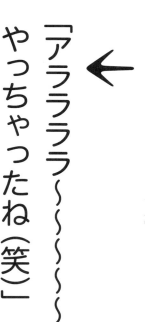

すでに、失敗しないための最善策を知っていると、〝失敗するとわかっているのになぜしてしまうか〟ということを理解することができません。

「こっちのほうが近道なのに、どうしてわざわざ遠回りをするの？」

と不思議に思ってしまうのです。それどころか、自分の思う近道に行こうとしない我が子に怒りを覚えてしまいます。自分ならカンタンにできることができない我が子を見ているとイライラしてくるわけです。

だから、その「近道」の考えを捨ててしまえば、怒りがわくことはなくなります。

自分が何度も失敗して身に付けてきた「近道」を、今まさしく我が子は身に付けている最中なのです。だから、失敗して当然！　そう考えると、我が子の失敗を遠くから見守ることもできるようになるのです。

例えば、1歳の我が子がスプーンでご飯を食べようとしているとします。初めて使うスプーンは、手づかみと違って、長さの感覚がつかめません。口に入れたつもりが、ほっぺに当たったり、平行と思っていたスプーンが傾いて、のせていたご飯がこぼれたりします。ちょうどお母さんが目隠しをしてご飯を食べているのと同じです。そう思えば、ご飯をこぼしても顔中ご飯粒だらけになっても、

「アララララ～～～～やっちゃったね（笑）」と言えませんか？

5 心の財布を見る

「どうしてママを困らせることばかりするの！（怒）」

↓

「（今心の財布がカラなのね）抱っこする〜〜」

私は、人間は誰でも心に財布を持っていると思っています。本物のお財布にはお金が入っています。財布にたくさんお金が入っていたら、心に余裕もできるし、新しいことへチャレンジをしてみたくなるでしょう。心の財布の中に入っているのはお金ではなく、愛情です。同じように、心の財布に愛情がたくさん入っていると、優しくなれるし、前向きに新しいことにも挑戦できるのです。

反対に、心の財布がカラになったり、愛情が少なくなったりしたらどうなるでしょう。なんだかイライラして、やる気がなくなります。それでもお母さんが愛情を入れてくれなかったり、無視されたりすると、子どもは（大人だって）最終手段にでます。**愛情でなくてもいいから、財布に何か入れたくなるのです。そして、一番入れやすいのは「怒り」なのです。**だから、わざとお母さんを困らせることをしたり、グズグズしてお母さんの気を引こうとするのです。財布がカラになっているよりも、たとえ「怒り」であっても、何か入っているほうがいいのです。


心当たりはありませんか？　兄弟ケンカをしたり、イタズラをしたり、弟や妹をいじめたり…。そんなとき、お母さんはついカッとなって、

「どうしてママを困らせることばかりするの！（怒）」

と怒ってしまいがちですが、こんなときこそ、

「ママは○ちゃんを抱っこする〜〜」

とギューっと抱っこしてあげてください。お母さんの怒りを、抱っこする手の力に変えて、思いっ切り強く抱きしめてあげてください。お母さんの怒りを愛情に変えて、子どもの心の財布に入れる最強の方法です。

6 トイレトレーニング

「ちゃんとトイレでおしっこしなさい！」

↓

「トイレですると気持ちいいよ」

赤ちゃんのときには、オムツをするのが普通と思って何の疑問も持たなかったお母さんも、子どもが歩くようになると、

「そろそろトイレトレーニングの時期かしら？」

と考えるようになります。周りの同年代の子どもたちがオムツからパンツになると、ちょっと焦ったりもします。

ここで考えていただきたいのが、子どもの気持ちです。なぜ、オムツをするので

しょうか？　それは親の都合です。布団や床が汚れると困るのでオムツを使っているわけです。本来なら、オムツなどせず、そのまま排泄したほうが気持ちがいいに決まっています。世界的に見ても、オムツを使わない子育ても多いそうです。

親の都合でオムツをあてておいて、歩けるようになったからと言って、親の都合でオムツを外そうとしているわけです。子どもの気持ちは複雑でしょう。昨日までは「オムツにしなさい」と言われていたのに、今日から急に「トイレでおしっこしなさい！」と言われるのですから、戸惑って当たり前です。そして、人間の脳は昨日と同じことをしたがるわけですから、とても苦痛になってしまう子どももいるわけです。

人間が何かしようとするときの動機には2種類あります。一つは快楽を得るため。もう一つは不快から逃れるためです。大人はトイレでするのが当たり前ですから、「トイレでするのは気持ちいい、オムツは気持ち悪い」ことを知っています。しかし、子どもは知らないわけです。だから、「トイレでしなさい」と命令するよりは、

「トイレですると気持ちいいよ〜」

ということをわからせてあげましょう。この際、**パンツや床が汚れるのは目をつぶって、子どもの気持ちを第一に考えてあげましょう。**そして、小学生になるまでにはきっと外れますから、慌てないことを自分にも言ってあげましょう。

7 10年後、どうなってる？

「遊んでないで食べなさい！（怒）」

↓

「（心の声）中学生になって遊び食べをする子はいない」

幼児の子育て中のお母さんからよく相談を受けるのは、「遊び食べ」。その他にも「グズグズして着替えが遅い」「お友だちのおもちゃを取ってしまう」ということです。これらのことは、1～3歳の子育て中には切実な問題です。そのことで、ママ友やお姑さんから注意を受けると、落ち込んでしまうことだってあるでしょう。子どもの今だけを見ていると、解決できない大きな問題のように感じますが、10年後に同じ問題を抱えているでしょうか？　もし、お知り合いの中学生ママがいたら、聞いてみてください。まず、同じ問題で悩んでいる方はいないでしょう。小学生になれば小学生の、中学生になれば中学生の新たな問題が出てきます。そして、それまであんなに悩んだことでも、自然となくなってしまう悩みもあるのです。

でも、今の悩みがすべて10年後にはなくなるかというと、そうではありません。10年後どころか、一生ついて回る悩みもあります。だから、その2種類の悩みを分けて考えることが大事なのです。その線引きの基準は、

「10年経ったときに、悩んでいるかどうか」

です。中学生になって遊び食べをする子はいないですし、着替えも自分でできます。人のものを勝手に取ってしまうこともないでしょう。

そう思うと、3歳までのお子さんの悩みの半分はなくなってしまうのではないでしょうか。**お母さんが、ドンと構えていれば、子どもはお母さんの顔色を見てビクビクすることがなくなります。そうするとのびのびと育つことができます。**

いつもお母さんに見張られ注意を受けている子どもは、どうしてもお母さんの顔色をうかがって、お母さんの意向に沿うように行動します。それが、本心からの欲求ではない場合、いつも「本当の自分」を隠して行動しなければならないのです。「本当の自分は悪」と子どもが思ってしまったら、それこそ一生苦しむことになりますよ。

8 「抱っこ抱っこ」とせがまれたらどうする？

「もう一人で歩けるでしょう！」

↓

「抱っこして欲しいのね」

外出先で子どもに「抱っこ抱っこ」とせがまれたら、お母さんは困ってしまいます。抱っこしようにも荷物をたくさん持っていたり、すでに弟や妹を抱っこしていたり…。おまけに自分自身も疲れていたりしたら、だんだんと腹が立ってきます。でも、そういうときに限って子どもは「抱っこ抱っこ」と言い始めます（笑）

お母さんはつい、

「もう、大きいのだから一人で歩けるでしょう」

と声を荒げてしまうことも。こんなとき、子どもは抱っこがして欲しいのではないのですね。**お母さんの「愛情」が欲しいのです。それなのに、怒られたり突き放されたりすると余計にがっかりしてしまいます。**だから、まずは共感してあげましょう。

「抱っこして欲しいのね」

この言葉をかけるだけで、子どもは「お母さんがボク（ワタシ）のことをわかってくれた！」ことで安心します。でも、実際に抱っこが無理な状況なら素直に、

「大きくなった○ちゃんを抱っこしたら、ママは手が痛くなっちゃった（なっちゃうよ）」

とお母さんの気持ちを言ってあげましょう。ポイントは「お母さんの気持ち」を伝えることです。

「もう大きいのに**あなた**はおかしい」とか「**あなた**はお兄ちゃん（お姉ちゃん）なんだからしっかりしなさい」と、子どもを主語にして言うと、子どもは自分が責められているように感じます。あくまでも自分（お母さん）の気持ちを伝えることを忘れないようにしてくださいね。

9 我が子が泣き止まない（汗）

「いつまで泣いたら気が済むの！」

↓

「ママも泣きたくなっちゃう、一緒に泣こう！」

子どもが泣くことは、ある意味親にとっては恐怖です。静かな状態が普通である親にとって、子どもに泣かれるととても辛いのです。何とか泣き止ませようとして四苦八苦します。子どもはそれを知っていますから、自分の意見を通そうとするときには、泣き喚こうとします。

手を尽くしても子どもが泣き止まないと、親はだんだん怒りがわいてきます。第2章で書きましたが自分の思うようにならないと、怒りがわいてくるのは脳の仕組みだから仕方がないのです。そんなとき、子どもを泣き止ませる手は二つあります。「エサで釣る」か「恐怖で泣き止ませる」かの二つです。

「エサで釣る」とは、お菓子をあげたり、テレビを見せたりすることです。子どもにとっては快感ですから、すぐに泣き止むでしょう。しかし、一度味をしめると、子どもはすぐに泣くようになります。泣けばお菓子やテレビが与えられることを学んだからです。これは、後で困ることになるでしょう。もう一つの「恐怖で泣き止ませる」は、大声で怒鳴ったり、「鬼が来るよ」と脅したりすることです。これは、子どもにとっては恐怖ですから、すぐに泣き止むでしょう。しかし、思春期になって親よりも体が大きくなり、知恵もついてくると通用しなくなります。中学生に「鬼が来るよ」と言っても笑われるだけです（笑）

では、どうすればいいのでしょうか？　私は、「ママの気持ちを伝える」ことだと思います。**「ママ困っているのよ」とか「ママも泣きたくなっちゃう」と正直に自分の気持ちを子どもに伝えましょう。**「泣きたいのはお母さんのほうよ」と思ったら、一緒に泣いたっていいのです。そのときには、うそ泣きでもいいので、子どもより大きな声で泣いてみてください。きっとお子さんはびっくりして泣き止むかもしれませんよ（笑）

10 おっぱい、おっぱい

「もう大きくなったから、おっぱいはナシよ！」

↓

「おっぱい飲んでいる幸せそうな顔を覚えておこう！」

私は、子どもが生まれて初めて私のおっぱいを飲んでくれたとき、

「ああ、母親になったんだなぁ」

と感動したのを今でもはっきりと覚えています。親である私だけを慕い、一心におっぱいを飲んでいる我が子が愛しくてなりませんでした。

でも、それから始まる子育てでは、一日に何回も夜中でもおっぱいで起こされ、へとへとになりながら、必死に授乳していたのを覚えています。

1年も経つと、だんだんと栄養としてのおっぱいの役目は終りに近づきます。でも、**おっぱいは栄養だけのものではありません。我が子に「愛情」を与えるものでもあるからです。**ミルクをあげているお母さんも同じです。我が子を胸に抱き、お母さんの手でミルク瓶からミルクをあげることが大切です。

でも、おっぱいがそんな愛情の道具とわかっていても、忙しいときや周りの目が気になるときに限って子どもは、

「おっぱい、おっぱい」

と言い始めます。あげないわけにもいかないし、でもすでに大きくなって、赤ちゃんには見えない我が子に言われると、うっとうしくなることもあるのです。

こんなときこそ、10年後の我が子を考えてみてください。もう、おっぱいを求める姿は見ることができないのです。あのあどけない、お母さんを信じ切ったおっぱいを飲む姿はどうやっても一生見ることはできません。そんな10年後の自分と我が子をイメージすることができたら、きっと「おっぱいはナシよ」という言い方はできなくなりますよ。そして、おっぱいをあげる時間も無駄な時間ではなくなります。スマホやテレビを見ているよりも、我が子の愛しい顔を見てしっかりと頭に焼き付けましょう。

4〜6歳

目標
『社会への一歩』を踏み出す」

親のとるべき態度
「子どもを励ます」

怒りがわいたときの具体的方法
「『あなたはできる子』を伝える」

子どもが3歳を過ぎると、幼稚園へ入園する子が多くなります。お母さんが仕事をしているので保育園に通っていた子も、赤ちゃんクラスから年少さんクラスに進級します。今まで家の中や保育園の赤ちゃんクラスにいて家族や先生とだけ接していた子どもも、「幼稚園」「年少クラス」という社会に一歩を踏み出すのです。これは、子どもにとっては大きな変化です。身近に付き合う大人がお父さんお母さんだけから、幼稚園・保育園の先生が増えるのですから。また、お友だちとの付き合いも始まります。

それまで、公園や児童館で遊んでいるときはお母さんが一緒でした。保育園では先生が付きっ切りで見守ってくれていました。お友だちとケンカしたりトラブルがあったりしてもお母さんや先生と一緒に解決してきました。

しかし、今日からは一人で大人（先生）と向き合い、一人で友だちとの付き合いもしていかなくてはなりません。まさしく「社会への一歩」を踏み出したのです。お母さんも心配かもしれません。それまでずっと一緒にいて、トラブルがあれば助けてあげたりアドバイスをしたりすることもできましたが、幼稚園・保育園内のトラブルはお母さんが手を出したり口を出したりすることはできません。見守るしかないのです。それどころか、どんなトラブルがあったのかさえわからない場合もあります。

この年齢になったら、親は「子どもを励ます」ことが大切です。自分がアドバイスをして解決するほうが早く円満に解決しますが、それでは子どもは社会のルールを覚えることができません。上手くいかないとわかっていても、それをグッと飲み込んで見守る姿勢を保ちましょう。そして、

「あなたは自分でできる子よ」

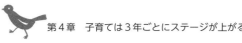

と応援し続けてあげましょう。そういう意味では、「入園式」「年少への進級式」は親にとっての節目でもあります。子どもの成長を喜ぶだけではなく、自分の子育ての節目でもあることを噛みしめましょう。

「今日から、私の子育てもステップアップするから、子どもへの言葉かけや態度をかえよう！」

とそのときに決心すれば、その日から親子でステップアップができますよ。

だからと言って、日々の生活の中で、怒りがわくことがなくなるわけではありません。やっぱり、4歳でも5歳でも親の思うようにはならないし、子どもは成長する分、口も行動も達者になります。言っても聞かない、聞こえない振りをする、ああ言えばこう言うで、子育てはますますややこしくなります。そのうえ、幼稚園や保育園は親の見えない世界ですから、心配事も増えるかもしれません。親の心配や感情に任せていると、怒ってしまうことも、ますます増えていくでしょう。

子どもに怒りがわいたとき、大切なのは「子どもを正す」「子どもを自分の思うように動かす」ことではありません。大切なのは、

「あなたはできる子よ」

ということが子どもにちゃんと伝わる怒り方をすることとです。お母さんは怒っていても「あなたはダメな子」という人格を否定するのではなく、「あなたはできる子だけれど、今の行動（言葉）は良くなかったね」と行動（言葉）は正すけれども、人格は否定しないということです。

「カッとなって怒ってしまったら、そんなことはできません！」

という声が聞こえてきそうですが（笑）では、同じ言葉を、ママ友に発言することはできますか？　幼稚園の先生に言うことはできますか？　たぶん、ほとんどの方は言いたくてもグッとガマンされることでしょう。人間は自然に相手との心理的距離を測って、その距離によって言葉を使い分けています。子どもを自分と一心同体と思っていると、心理的距離が近すぎて、他人にはかけないような残酷な言葉でも使ってしまいます。だから、入園式・年少への進級式を機会に、お子さんとの心理的距離を少し広げる意識をしてみましょう。そうすれば、怒りの感情もわきにくくなると思います。

1 子どもがすることには必ず理由がある

「何でこんなコトをするの！（怒）」
↓
「コレをやってみたかったのね」

子どもがやることは、大人にはよく理解できません。3歳まではまだしも、幼稚園や保育園になっても、訳もなく走り回ってみたり、大声を出してみたり…。でも、親がそう思っていると、「子どもは理解できない」という無意識の感覚が身に付いてしまいます。

「何でこんなコトするの！」

と言ってしまうお母さんの深層心理にはそういう感覚があるのです。しかし、子どもは生まれてからまだ数年の経験しかありません。私たち大人が何も考えずに歩けるのも、箸やフォークで食べることができるのも、すでに数十年間も経験しているからですね。急に捻挫をして松葉杖になったり、利き手を怪我してもう一方の手を使って食べたりするときには、緊張もしますし、ぎこちなくしか動けません。私たちは歩く練習を何十年もしているからこそ何も考えずに歩くことができるし、ずっと箸を使って食べているので上手に箸を使うこともできるのです。

子どもはまさに今、練習中です。歩くことも走ることもまだまだ練習が足りないのです。それは声を出すことも同じです。だから、大人から見ると意味もなく走ったり大声を出したりするのです。そんな風に普段から考えておくと、私たちの無意識の感覚に入っていきます。そうすると、イザ子どもが走ったり大声を出したりしたとき、

「コレをやってみたかったのね」

と明るく言えるかもしれません。

実際に子どもがジャンプして、木の枝に飛びついているのを見て、私は、

「うらやましいなぁ」

とつぶやいたことがあります。だって、私にはどう考えても届かない高さでしたから。そして無理ということが一瞬にしてわかってしまったのでがっかりしたのです。

2 待つ

「早くしなさい!(怒)」

←

「ママはここで待っているからね」

前の項では、子どもは行動を練習中ということを書きました。スポーツでも上手になるためにはひたすら練習を重ねなくてはなりません。必死にキャッチボールや素振りの練習をしている我が子に、

「早く止めなさい!」とは言わないですよね。

ところで、行動もですが、時間感覚も子どもにはありません。

「服を着替えるのに○分かかって、ご飯を食べるのに○分かかるから、何時になった

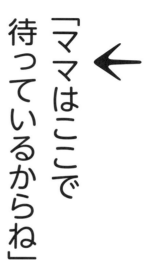

ら始めよう」

ということはわからないわけです。大人なら当然そういう計算をします。例えば、行ったことがない場所で待ち合わせをしている場合は、早めに出かける人が多いでしょう。それは、何分かかるかがわからないからです。

でも、**時間感覚がない子どもには、「間に合わない」とか「急ぐ」とかいう感覚もありません。**だから自分のペースで進めようとします。でも、お母さんには時間の感覚がありますから、そのままでは幼稚園や保育園に間に合わないということがわかるのです。そこでイライラが始まるわけですね。

その怒りを子どもにぶつけても、子どもにはお母さんがなぜ怒っているのかがわかりません。恐怖心が募るだけです。この部分が理解できると、お子さんへの対処法も変わってくるのではないでしょうか。

我が家の子どもが小さい頃は、十分着替えの時間をとって（1時間くらい）、

「お母さんは玄関で待っているね」

と言ってから、玄関で読書をしたり、ぼんやり考え事をしたりしていました。兄弟がいる場合は、一人ができると玄関に走ってくるので、もう一人も仲間に入りたくてそれから急いで着替えたりしていました。

3

4歳からのタイムスケジュール

「早く着替えなさい！（怒）」

↓

「時計の長い針が6になるまでにできるかな」

もう一つ、「早く」と言わない方法です。「期限」を示してあげることです。幼稚園や保育園になると、「何時何分までに○○をする」という期限を学びます。時計はまだ読めなくても、「長い針がどこどこに行くまでに」という方法で学ぶかもしれません。人間は期限を決めると、頑張れるものなのです。例えば、小学校や中学校の夏休み、宿題がなかなか終わらないのに、8月31日になると不思議にはかどった思い出のある方も多いでしょう（私もその一人です（笑））。また、いつもはお化粧に時間のかかるお母さんも、電車や待ち合わせの時間が近づいているときは、あっという間にお化粧が終わるのではありませんか？　同じように、子どもがなかなか着替えようとしないときには、「期限を決める」という方法があります。

「あの時計の長い針が6になるまでにお着替えができるかな？」と質問してみてください。このときのお母さんの表情も大切です。怒って命令的な顔で言ってしまうと、子どもは恐怖しか感じなくなります。それよりも、「できたらスゴイなぁ」という顔で言ってあげてくださいね。そうすると子どものやる気スイッチが入るかもしれませんよ。

実は、これは将来の「スケジュール管理」の練習でもあります。期限までに終わらせることができるようになったら、次は自分で期限を決めさせてあげてください。もちろん最初は上手くいかないでしょう。自分は1分で着替えられると思っていたり、家から園まで時間ナシで行けると信じているかもしれません。

でも、着替えが間に合わなくて遅刻することを経験することで、だんだん自分でスケジュールが管理できるようになります。大切なことは、大人になったときに自分でスケジュール管理ができるようになることなのです。幼稚園や保育園の今、できるかできないかはあまり関係ないのですよ！

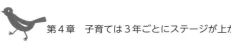

4 家中の時計をアナログ時計にしよう

「早くしなさい！　バスが来ちゃうよ（怒）」

↓

「あと○分だよ。着替えられるかな？」

あなたのお家の時計はアナログですか、デジタルですか？　前項でも時計の話題を出しましたが、**お家の中がすべてアナログ時計でないと、子どもの時間感覚はなかなか身に付きません。**大人にとってはどちらでもあまり変わらないし、デジタルのほうが数字でわかりやすいので、デジタル時計を使われている方も多いでしょう。また、テレビやスマホの時計はデジタルです。デジタルもアナログも両方とも「時刻」という点では同じですが、大きく違う点があります。それは「時間」を知ることができる

かどうかということです。「時刻」とは、今現在のこと。「時間」は、現在から未来のある地点（または、過去から現在まで）までの時間の長さを表します。つまり、子どもの時間感覚を養うためには、アナログ時計が近道なのです。

「バスが来るまで後○分」

と言ったときに、○分の時間感覚がなければ、早くしなければならないかどうかが子どもにはわからないのです。だから、ぜひお家の時計をチェックしてみてくださいね。

子どもに時間感覚が身に付いたら、有効な方法があります。それは「お母さんと競争をする」方法です。「子どもが着替える」ことと、「お母さんがキッチンを片付ける」ことを比べるのです。同じ動作を比べるのではありません。あえて違う行動（着替えとキッチンの片付け）を比べるのです。

「お母さんがキッチンを片付けるのと、○ちゃんが着替えるのはどっちが早いかな？」

と言って競争しましょう。子どもは競争が大好き。でも、同じ行動ではなかなか勝つことはできません。でも違う行動だったら、勝てるかもしれないのです。そして、お母さんは手加減がしやすいですね（笑）

だからこそ、子どもも時間感覚を養うことができるのです。

5 みんなと同じと言わない

「みんなはどうなの？」

←

「あなたはどうしたいの？」

子どもが新しいおもちゃを欲しがったときに、

「みんなはどうなの？　もう持っているの？」

と聞いたことはありませんか？　または、子どもに、

「みんな持っているのに、ボク（ワタシ）だけ持ってないの（涙）」

と言われたら、可哀想だから買ってあげようと思ったことはありませんか？

みんなが持っているのにウチの子だけ持っていないと、仲間はずれにされたり、イ

ジメられたりするのではないかと心配になるでしょう。でも、大切なのは、みんなが持っているかどうかではなく、我が子に本当に必要かどうかではないでしょうか？

仲間はずれやイジメは、同じおもちゃやゲームを持っていないから起こるのではありません。子どもの自分軸がグラグラと揺れていると、標的にされてしまうのです。おもちゃやゲームはキッカケに過ぎません。もし、子どもに「みんな持っているのに」と言われたときに、お母さんが「可哀想に」と思ってしまったら、お母さんの「子育ての軸」がブレているということです。**大事なのはそのおもちゃが我が子に必要かどうかなのです。**そのことを知るためにも、

「あなたはどうしたいの？」

と聞いてみてください。子どもが、

「ボク（ワタシ）は○○だから、このおもちゃが必要なんだ」

とはっきりと言えたら、お母さんにもそのおもちゃが必要かどうかの判断ができるでしょう。もし、お母さんがＮＯの判断をしたら、毅然《きぜん》とした態度をとることです。お母さんが自分軸をハッキリとさせると、子どもも自然とゆるぎない自分軸を持つことができます。そうすると、子どもは自分の意見を自信を持って伝えることができるようになります。

6 言葉と行動のプラスとプラスを揃えよう

「自分で着替えなさい！」と言いつつ着替えさせる

←

「大好きな○ちゃんのために着替えさせてあげる」

３歳までの子どもは、お母さんにやってもらうのが大好き。ご飯を食べさせてもらったり、洋服を着替えさせてもらったり。お母さんも自分の機嫌がいいときはやってあげるのも楽しいですが、自分の機嫌が悪かったり体調が悪かったりするとそうはいきません。特に、すでに幼稚園や保育園に通っていると、子どもをしっかり自立させたくて、

「自分でできるでしょう」

と言ってしまったりもします。

子どもがご飯を食べさせてもらったり、着替えさせてもらったりするのは、自分でできないからではありません。やってもらうことで、お母さんの愛情をもらっているのです。大人だったら、食べさせてもらったり着替えさせてもらったりするのは、イヤですよね（笑）

だから、**お母さんが怒りながら着替えさせてあげると、子どもは混乱します。**「自分で着替えなさい」という言葉はマイナスの言葉ですが、着替えさせてあげるという行動はプラスの行動だからです。自動車のアクセルとブレーキを同時に踏むようなものです。子どもはお母さんの気持ちが、果たしてプラスなのかマイナスなのかがわからなくて混乱するのです。そうすると、次の日もまた次の日も、

「着替えさせて～」

と甘えてくることになります。それなら、着替えさせてあげると決めたとき、

「大好きな○ちゃんのために着替えさせてあげる」

と言葉と行動をプラスに揃えましょう。そうすれば、子どもは大好きなお母さんから愛情がもらえたことをはっきりと認識するでしょう。自分の機嫌や体調が悪いときには「今はできないから、自分で着替えてね」と冷静に言ってあげましょう。

7

我が子はできると信じる

「どうせあなたには無理だから」

↓
「あなたならきっとできるよ」

「ボク、明日から自分で朝6時に起きるよ」

と子どもが言ったとしたら、あなたはどんな反応をしますか？

「どうせあなたには無理だから。いつもお母さんが早く起きなさいって言っているのに7時になっても起きないじゃない」

と事実を言っていませんか？　今朝まではそうだったかもしれませんが、明日のことは誰にもわからないのです。

子どもだけではなく大人も、行動をするかしないかは、自分の心が決めています。

「自分は朝起きられない人間」と心の底で思っていたら、やっぱり起きられないのです。その原因は、お母さんが毎朝起こしてくれるからかもしれません。朝起こしてもらえるのなら、自分で起きる必要がないのです。だから、**子どもが決心して告白してくれたことは、たとえ今はできていなくても、応援してあげて欲しいのです。**

「あなたならきっとできるよ」

とお母さんに応援してもらえたら、子どもは心の底から自分のことを信じられることでしょう。それは朝起きることだけではありません。

「今日から一人でトイレに行く」でも、「一人で寝る」でもいいのです。

子どもが自分で決心したことは、「きっとできるよ」と応援してあげてください。

大切なことは、お母さん自身が「心の底から」子どもを信じ、応援すること。

心では「どうせ無理」と思いながら言った言葉は、子どもに見抜かれてしまいます。

世の中のすべての人が否定したとしても、お母さんだけは心の底から子どもを応援することが大事です。そんな応援を受けながら育った子どもは、将来大人になって、一人で戦わなくてはならなくなったときも、きっと心の中でお母さんが応援してくれるでしょう。

8 「貸～し～て」「い～い～よ」

「あなたのおもちゃだからいつでも遊べるでしょ。貸してあげなさい」

←

「○ちゃんがそれで遊びたいんだって、どうする？」

あなたのお家にお友だち母子が遊びに来たとします。子どもたちは子どもたち同士で遊び、お母さんたちはお茶しながら楽しくおしゃべりをしているとします。そんなとき、子ども同士がトラブルになってケンカを始めたらどうしますか？　原因は、我が子がおもちゃを貸してあげないから。お友だちがそのおもちゃで遊びたいのに、貸したくないようで、ケンカになってしまいました。

お母さんたちはおしゃべりを止めて、駆けつけるでしょう。泣いているお友だちの前で、あなたはこう言うでしょう。

「あなたはこのおもちゃでいつでも遊べるのだから、今はお友だちに貸してあげようね」

相手のお母さんがいる手前、怒ることもできず、優しく言ってあげるでしょう。

確かに、理論的に考えればそうです。そのお友だちが帰った後に、いくらでも遊べるのですから。でも、我が子は今このおもちゃで遊びたいのです。または、お友だちに貸してあげるのがイヤなのです。その気持ちをガマンさせますか？　この章の「みんなと同じと言わない」の項でも書きましたが、**「自分」を大切にすることがこの年代では必要なのです。**だから、ぜひこう言ってあげてください。

「○ちゃんがそれで遊びたいんだって、どうする？」

子どもは視野が狭いですから、自分の気持ちに正直になるとお友だちの気持ちに気づいていないだけなのかもしれません。だからまず、○ちゃんがそのおもちゃで遊びたいという事実を伝えてあげましょう。その後は、子どもに判断を任せるのです。まだ自分で遊びたいと言うかもしれないし、お母さんの一言で○ちゃんの気持ちに気づくかもしれません。そうやって「自分」で判断することを重ねていくと、だんだん周りとの調和もはかれるようになります。それは小学校以降のことかもしれませんね。

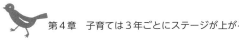

9 みんな仲良く

「ケンカはしちゃダメ、みんなと仲良くしなさい」

↓

「イヤだったのね、でも○ちゃんもイヤだったんだって」

あなたは「ケンカ」についてどう思っていますか？　兄弟ケンカもありますし、お友だちとのケンカもあるでしょう。大人の理想としては、「みんな仲良く」遊んでくれることでしょう。平和だし、静かだし、何より仲裁しなくていいのでラクです（笑）

大人である私たちも、ケンカをしながら育ってきました。私は三人兄弟ですが、兄弟ケンカは毎日でした（笑）兄と弟、兄と私、弟と私という組み合わせで四六時中ケンカでした。家から閉め出されたり、柱に立たされたり、いろいろな罰を受けてきました。

「みんな仲良くしなさい」

とも両親に言われ続けてきました。でも、反省する子どもは一人もおらず（笑）毎日ケンカは続きました。でも、大人になった今、兄とも弟とも仲良くやっています。

それは、ケンカをしながら付き合い方を学んできたから。こう言えば相手は傷つくとか、これは絶対に言ってはいけない言葉だとか。そんなことを学んだ気がします。

だから、ケンカは「人間関係の学び」と思いましょう。多少うるさい思いもするし、ケガやコブもあるかもしれません。それさえも学びだと思います。ただ、親が気をつけなくてはならないのは、「子どもには相手の気持ちは見えていない」ことを知っておくことです。

「〇ちゃんが叩いた（涙）」

と訴えてきたら、我が子のことだけでなく、

「イヤだったのね、でも〇ちゃんもイヤだったんだって」

と相手の気持ちを代弁してあげましょう。ただし、そこにお母さんの気持ちを入れないこと。「謝りなさい」とか「ガマンしなさい」は言わず、事実だけ伝えてあげましょう。

10 不便なおもちゃ

「積み木は散らかるから、トラックのおもちゃで遊んで」

↓

「（心の声）不便なおもちゃほど、子どもの頭のためになるのね」

子どもは遊ぶことが一日の生活のメインです。そして、遊ぶためのおもちゃはどの家庭にでもあって、そして親の頭を痛める元でもあります。子どもはこまごまとしたおもちゃが好きです。おもちゃを出しては遊んで、すぐ次のおもちゃに興味が移ります。一つずつ片付けてから次の遊びに移ってくれたらいいのですが、そんな子どもは少ないでしょう。出しっぱなしで、すぐ次のおもちゃに興味が移ります。気がついたら、部屋中に散らばってタイヘンなことに（笑）

その部屋を見た瞬間に親の頭には血が上ります。大人は、片付いた部屋が好きですから、散らかった部屋を見ただけで子どもを怒ってしまったりもします。子どもは悪気があるわけではありません。ただ、自分の思うように遊んだ結果が散らかった部屋なのです。特に積み木やブロックなど小さな部品の集まったおもちゃは、部屋の散らかりようも相当なものです。そこで、親は考えます。小さな部品が集まったおもちゃより、大きな一つのおもちゃのほうが散らからなくて済むと考えるのです。

確かに、積み木が散らかるよりも、大きなトラックのおもちゃ一台のほうが散らかりません。片付けも簡単です。そんなおもちゃだけを集めたら、この先も片付けがカンタンでよさそうです。

でも、ここで**子どもにとってのおもちゃの役割と目的を考えてみましょう。**子どもの生活にとって遊びは、勉強です。おもちゃは教科書です。同じ教科書なら、なるべく勉強になって子どもの頭を賢くしてくれる教科書がいいですね。便利なおもちゃと不便なおもちゃを比べると、子どもの頭を賢くしてくれるのは「不便なおもちゃ」です。部品が多かったり、電池を使わず、自分の手や頭を使うもの（積み木やパズルなど）です。そう思うと、おもちゃの選び方も変わってきますね。

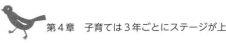

11

お手伝いから毎日の仕事に

「お手伝いしなさい！（怒）」

↓

「これはあなたのお仕事だからね、お母さん助かるわぁ」

赤ちゃんがよちよち歩きをする頃になると、いろいろなお手伝いをしてくれます。

「パパにこれを渡してきて」

とお願いすると、よちよちと歩いて渡してくれます。その姿は可愛くて親を幸せな気分にしてくれます。しかし、お手伝いを進んでしてくれていた子も、幼稚園や保育園年少になると、してくれなくなったりもします。それは、幼稚園へ行ったり、習い事を始めたりすると忙しくなるからです。

お手伝いはボランティアです。心と時間に余裕があるからこそできるのです。よちよち歩きの頃はまだ有り余る時間があるからできるのです。でも、忙しくなってきたり、自分自身が遊ぶことに時間を使うようになると、お母さんから頼まれるお手伝いが面倒になってくるのもこの頃です。昨日まで喜んでやっていたお手伝いを今日は面倒臭がるようになると、親としてはイライラしてしまうのです。それで、

「お手伝いしなさい！(怒)」

とキック言ってしまうこともあるでしょう。でもそれでは結局子どもが反発したり、泣いたりすることになります。そうならないために、「お手伝い」を「お仕事」へ格上げしてあげましょう。

お仕事は義務です。気分が乗らないからやらないとか、今日は○○だからやらないとかいうことはできないのです。お父さんやお母さんが、

「今日は遊びたい気分だから、お仕事はしない」

と言うことができないのと同じです。**家族のために仕事をすることで、家族の役に立っていることをわからせてあげましょう。**

「これはあなたのお仕事だからね、お母さん助かるわぁ」

と言ってあげると、張り切ってやってくれるでしょう。

7〜9歳

目標
「『社会に順応』すること」

親のとるべき態度
「毅然とした態度」

怒りがわいたときの具体的方法
「ルールの中で生きることを教える」

子どもが小学校に入学すると、親は一息つけます。それまで一日のうちほとんどを一緒に過ごし、何をするにしても親がお世話をしなくてはなりませんでした。幼稚園や保育園の送迎もすべて親掛かりでした。でも、小学校に入学してからは、一人で学校まで行けるようになります。着替えも食事も一通りは一人でできるようになります。自分の意思も言葉で言えるようにもなります。

「ここまで育てば一安心！」と思えるのがこの頃です。しかし、子どもにとっては新しい「小学校」という世界が待っているのです。親にとっては、「家にいない」という点であまり変化がないのですが、子どもにとっては今までの幼稚園・保育園とはまったく違った環境です。

それは小学校が「社会のルール」に順応するための世界だからです。今までの幼稚園や保育園でもルールはありましたが、それは「プレ体験」のようなもの。先生やお母さんに見守られながらの予行練習のようなものでした。しかし、小学校に入ると、一人で誰の助けも借りずに「社会のルール」を守っていかなくてはならないのです。これは、私たち大人が、いきなり外国へ一人で行ったようなカルチャーショックかもしれません。

子どもが小学校低学年になったとき、親が気をつけなければならないことは何でしょうか？　一番大切なのは「毅然とした態度」だと思います。お母さんがいつまで経っても「幼稚園・保育園児の我が子」というイメージから抜けられなかったら、つい、昨日までと同じ態度で接してしまいます。それでは、子どもも甘えてしまい、いつまで経っても幼稚園・保育園児の自分から抜け出せなくなります。

ただし、何もかも「毅然とした態度」でいると、子どもは今までとのギャップに戸惑います。だから、「甘えさせるところ」と「毅然とした態度をとるところ」をきちんと決めておく必要があります。

キーワードはズバリ、「社会のルール」です。

今までは、多少のワガママもルール無視も許されてきたでしょう。それでよかったのです。でも、小学生になると守らなければならないルールがたくさん出てきます。授業中は立ち歩かずじっと座っていること、トイレは休み時間に済ませること、宿題は必ずやって提出することなど、これらは子どもが大人になって社会人として生きていくための基本的ルールです。今までなかったルールが増えて、子どもは戸惑うかもしれません。でも「社会のルール」に関しては、親が「毅然とした態度」で対応しましょう。ただし、ルールを守ることで疲れてしまった子どもは思いっ切り甘えさせてあげていいのです。また、**「友人関係のルール」も新たにでき上がります。**これに関しては千差万別ですから、親が見守りながらアドバイスをしてあげることも必要でしょう。ただし、何にでも親が口出しをすると子ども自身がルールを守る必要がなくなりますので、注意が必要です。

大人になったら「本音と建前」や「手抜き」をすることも世渡り術の一つです。しかし、まだ社会に一歩を踏み出したばかりの小学生には、あまり教えたくないですね。だから、親が規則正しくルールを守る姿を見せることが大切です。そういう意味では、この時期は手抜きができないので、息抜きをするヒマはないかもしれません。

そして、この時期を過ぎると次は「９歳の壁」がやってきます。「壁」というとちょっと怖いイメージがありますが、そんなことはありません。今までの「あいまいな脳」から、「理論的な脳」へ変化する時期です。子どもらしい子どもから、大人と同じ考えを持った子どもに変化していきます。９歳といっても個人差がありますから、8歳でこの壁を経験する子どもも、10歳でやっと経験する子どももいます。この「9歳の壁」を上手に乗り越えるためには、親の対応が大事です。これから迎える思春期を見据えるためにも、次（10～12歳）の項で詳しくお伝えします。

1 宿題は社会のルール

「宿題しなさい！（怒）」

↓

「小学生になるとやらなくちゃいけないことがたくさんね」

子どもが小学生になったら、お母さんの悩み一番は「子どもが宿題を自分からしない」ということかもしれません。確かに毎日出る漢字ドリルや計算ドリルを喜んで自分からする子どもはあまりいないかもしれません。難しすぎて授業があまり理解できていない子には、苦痛でしかないでしょう。反対に、塾などで進んだ勉強をしていると、もうわかり切ったことをまた延々とやらされるのは面倒なものです。

私たちがアラビア語の論文を出されて、

「辞書があるから、それで訳しなさい」と言われたら、戸惑ってしまうのと同じです。また、逆に「あいうえお表」を出されて、毎日丁寧に10回ずつ書きなさいと言われても苦痛であるのと同じです。私たちのアラビア語やあいうえお表はやらなくても許されますが、小学生の宿題はやらないことは許されません。そこが子どもにとっては辛いところです。

子どもが宿題をやりたがらないとき、私は子どもにこんな風に言っていました。

「宿題は面白くないかもしれないけれど、ルールだからやらなくちゃいけないのよ。お母さんだって、毎日ご飯を作るのは面倒くさいときもあるけれど、やらなくちゃいけないことだからやっているのよ。面倒くさいと思って作る料理は、やっぱり美味しくないし時間もかかるから、同じやるなら、いかに早く美味しく安くできるかをゲームと思ってやっているのよ」

そうすると子どもたちは、**タイマーで時間を計って昨日より早くできるようにする**とか、兄弟でどっちが早く終わるか競争をしたりとか、ゲーム感覚で宿題をするようになりました。「やらなければならないもの」という意識が身に付くと、もう「やらない」という選択はなくなりますよ。

2 字の汚さには目をつぶる

「もっと丁寧に書きなさい！（怒）」

↓

「たくさん書けたね。この字は何て読むの？　教えて」

前の項の漢字ドリルや計算ドリルもそうですが、宿題をやるやらないの問題のほかに「字の汚さ」という問題があります。特に男の子に多いように思います。

親から見るとせっかく漢字を書くのならキレイに書いて、字の練習もして欲しい。読みにくい字は社会に出たときに不利になるのではないか。そう思うと、小学生の今、きれいな字を書く練習をして欲しいと思います。でも、でき上がった漢字ドリルのノートを見ると、読めないミミズのような字が書いてある…カッと頭に血が上ります。

「もっと丁寧に書きなさい！（怒）」

と怒ってしまうのももっともです。熱心なお母さんになると、せっかく書いたノート一頁を全部消しゴムで消してしまったりします。

子どもの立場で考えてみましょう。苦手な漢字をやっとの思いで一頁書けた。これで今日の宿題は終わり…と思って安心していたのに、目の前で自分の書いた字をお母さんに消されてしまった（凹）。これはショックです。例えば、一生懸命作った夕食を、お父さんが「不味い！」と言ってテーブルごとひっくり返してしまったら、どんな気持ちがしますか？　それと同じくらいのショックではないでしょうか。

前項で「宿題は社会のルール」と書きました。これは、**宿題をやることがルールであって、字をキレイに書くことがルールなのではありません。**それらを一緒にしてしまうと子どもは勉強嫌いになります。だって、一生懸命漢字ドリルを終わらせたのに、それを全否定されてしまうからです。それならば、字の汚さには目をつぶりましょう。字をキレイに書くのは、また別の機会に別の方法でやってもらうことにしましょう。ただし、「読める字」を書くのは社会のルールです。読めない字は「この字は何て読むの？　教えて」と聞いてみましょう。次は読める字を書くはずです。

3 いつやるの？

「早くやりなさい！（怒）」

←

「いつやるのか教えてね」

宿題をやるやると言うばかりでいつまでもやらない、お手伝いをお願いしたのにダラダラしていてやろうとしない、そんな我が子を見ていると、親はイライラしてきます。とうとう堪忍袋の緒が切れて、

「早くやりなさい！　いったい、いつになったら始めるの！（怒）」

と声を荒げてしまいます。しかし、売り言葉に買い言葉で、子どもも、

「今やろうと思ってたのに、お母さんに言われたからやる気がなくなった」

と返してしまいます。人間は大人であっても、人から命令されたことはやりたくないものです。それでは、どうすればいいのでしょうか？　そのためには、**自分からやり始めるように仕向ければいいのです。**

誰だって人から命令されたことはやりたくないですが、自分からやろうとしたことは頑張れるのです。そのためには、お母さんの言葉かけが大事になります。命令するのではなく、本人がやり始められるような言葉をかけてあげればいいのです。子どもがダラダラしてやろうとしないときには、こういう風に質問してみてはどうでしょうか？

「いつやるか、お母さんに教えてね」

こう言われたら子どもは、考えざるを得ません。その瞬間まで宿題やお手伝いのことを忘れていても、この質問で我に返るのです。

相手が怒っていれば、怒りで返答するか恐怖で萎縮するしかありませんが、相手が冷静に質問をしてきたら、自分も冷静に答えるしかなくなります。そこで、一旦答えれば自分が決めたことですから、イヤでもやらなくてはならなくなるのです。もし、それでもやらないようなら、初めてのような顔をしてもう一度聞いてみましょう。

「いつやるのか、お母さんに教えてね」

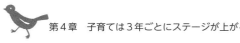

4 子どものケンカに口を出さない

「ケンカしちゃダメでしょう！」

←

「悔しかったのね」

前の4～6歳でも書きましたが、幼稚園・保育園児のケンカはまだまだ可愛いもの（笑）小学校に入ると、ケンカはますます激しくなります。ユウウツになりますね。

それでは、ケンカってしてはいけないものでしょうか。そこを考えてみましょう。

「ケンカはしてはいけないもの」という前提であれば、ケンカが始まったらすぐに止めなくてはいけません。しかし、私はそうは思いません。「ケンカは自分の意見を相手に伝える方法。まだ幼くて上手な伝え方を知らないので、コミュニケーションを学んでいるのだ」と思えば、ケンカはいけないものという考えがなくなります。**ケンカをしている我が子を「コミュニケーションを学んでいるのだ」と思えたら、怒りはわきにくくなるでしょう。**

それでも、例えば兄弟ケンカで子どもたちそれぞれがお母さんに言いつけに来たとき、うっとうしく感じるでしょう。そんなときは、第1章のコラムで書いたように「暖簾に腕押し作戦」を決め込みましょう。相手の話に相槌を打ちながらも、のらりくらりと聞き流しましょう。頭の中では、「暖簾に風が吹いて翻っている様子」をイメージしながら。

大切なのは、「ジャッジをしないこと」なのです。勝ち負けを決めてしまうと、負けたほうは悔しくて収まりません。それよりも、それぞれの気持ちを認めてあげましょう。「悔しかったのね」「痛かったのね」「イヤだったのね」と子どもの気持ちを代弁してあげるだけで、子どもは癒され、ケンカをするための怒りが静まっていくでしょう。その場のケンカを止めさせようとすれば、親はエネルギーを消耗します。子どもは持って行き場のない怒りを溜め込んでしまうことになります。「あれ？　そう言えば最近、ウチの子ケンカをしてないみたいね」というのが理想でしょうか。

5

朝のルールは子ども自身が決める

「早くご飯！　早く着替えて！　早く学校へ行きなさい！」

↓

「自分で決めようね」

小学生の朝は慌ただしいです。学校が始まる時間は決まっていますから、それまでに起きて、準備をして、ご飯を食べて、トイレにも行ってから出かけなくてはなりません。

幼稚園・保育園の間は、親主導で朝の準備をしていたかもしれませんが、小学生ともなると、親の言う通りには動かなくなります。お母さんが「子どもが小学生になってステップを上がった」意識があればいいのですが、余裕のない朝はそんなことは忘

れてしまいます。そうすると、

「早くご飯！　早く着替えて！　早く学校へ行きなさい！」

と早く早く攻撃になってしまいます（笑）前の項でも書きましたが、人間は人から命令されると反発しますから、子どもはわざとゆっくりしたり、お母さんを無視したりします。

ここは、**自分が小学生の母になったことを自覚して「子育てのステップを一段上がった」ことをしっかりと認識してください。** 子どももう大きく成長して、自分で自分のことを決めることもできるようになっています。だから、

「朝のスケジュールは自分で決めようね」

と言ってあげてください。これは、朝の忙しいときではなく、親子ともに平和なときに話し合うといいと思います。子どもも自分で決めた朝のスケジュールは自分で守ろうと努力するものです。

ここで気をつけなくてはならないのは、子どもが決めたスケジュールを尊重してあげることです。子どもが「着替えが先、ご飯は後」と決めたなら、なるべく合わせてあげましょう。ただし、お父さんの出勤の都合で朝ご飯の時間がずらせない場合は、親子でゆっくり話し合いましょう。

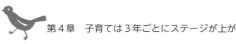

6 一日のスケジュールも子どもが決める

「先に宿題をしてから遊びに行きなさい！」

←

「○時までに宿題と明日の用意を済ませておこうね」

小学生は朝も忙しいですが、夕方も忙しいです。下校してから、友だちとも遊びたいし、習い事もあるし、宿題もしなければならないし、夕ご飯も食べなければなりません。優先順位をつけなければとてもこなせません。

ここで、子どものつける優先順位とお母さんがつけて欲しい優先順位に違いがある場合に問題が起きます。お母さんの優先順位は「1宿題　2習い事　3友だちと遊ぶ」の方が多いでしょう。しかし、子どもの優先順位は「1友だちと遊ぶ　2習い事

３宿題」でしょうか。これに、夕ご飯やお風呂が入った場合は、宿題の優先順位はまだまだ下がるでしょう（笑）

私たちは小さい頃から「イヤなことは先にさっさと済ませて、ご褒美は後で」という教育をされてきました。日本ではそういった考えの人が多いのです。しかし、子どもはもう小学生です。**優先順位はすべて子どもに任せてもいいのではないでしょうか。**

我が家では、「夕方6時半の夕食までに、宿題とお手伝いを済ませる」というルールがありました。学校で決められている帰宅時間は、夏は夕方6時までですが、冬は夕方5時でした。それで我が子たちは、「夏は6時に帰ってからでは時間がないので宿題をしてから遊びに行く、冬は帰ってから時間があるので遊んだ後帰宅して宿題をする」という風にしていました。そういう風な段取りができるようになるのも、自分でスケジュールを決める権利を持っているからこそです。もちろん、時々時間までに宿題ができないこともありました。そんな失敗をしながら、スケジュール管理を覚えていくのだと思います。

7 友だちを選ぶ権利

「あの子とは遊んじゃダメ！」
↓
「〇ちゃんと遊んだのね」

子どもが幼稚園や保育園に入ると、お友だちができます。それまでは、仲の良いママ友同士の子どもがお友だちになることが多かったでしょう。そして幼稚園・保育園では、お母さん同士が顔を合わせる機会も多いので、「誰々さんのお子さん」ということはわりとすぐにわかります。

しかし、小学生になると違います。同じ地域の大勢の子どもが通っていますから、どんな子どもが集まっているかとてもわかりにくくなります。

ママ友同士の噂話でよくない噂を聞いたりすると、

「あの子とは遊んで欲しくない」

と思ってしまうかもしれません。

でも、子どもはとても楽しそうです。こんなときはどうしたらいいのでしょうか？

私は、子どもが楽しそうならそのままでいいと思います。


基本的に友だち関係は「類は友を呼ぶ」ことが多いようです。優しい子どもには優しいお友だちができます。ギャングタイプの子どもは同じギャンググループに入ります。でももし、あなたのお子さんが気の弱い優しいタイプで、気の強いお子さんに子分のように扱われてしまったらどうでしょう。親としては困ってしまいますね。

大切なのは、そのときになって親がオロオロしないことです。それまでに、我が子を「自己肯定感の高い子ども」に育てておけば、たとえ気が弱くても、気の強いお子さんの子分にされそうになったら、「NO！」と言うことができます。お子さんの自己肯定感を高くするためには、共感してあげることです。

「今日は○ちゃんと遊んだのね、楽しかった？」

と聞いてあげてください。もし、辛そうだったらじっくり話を聞いて、どうしたいかを子どもに決めさせてあげてください。

我が子の一人は小学校のときには、あるお友だちがいました。小学生はクラスの中だけが自分の世界ですから、友だちを選ぶ範囲がとても狭いのです。親の私から見ると、どう考えても気が合わなそうで、いいように子分にされているようでした。でも我が子が選んだお友だちですし、お友だちのことまで親が口を出すのは子どものためにならないと考えたので、そのまま見守りました。ずっと付き合っていくと、価値観が合わない友だちは自然に疎遠《そえん》になっていくようです。

そのお友だちとも学年が上がり、クラス替えなどもあって自然と遊ぶことはなくなりました。親はその場で口を出さず、じっと見守ることも大事です。**子どもはまさしくそのときに、「友だちの選び方」「自分とは違う価値観」などを学んでいるのです。**それは時間のかかる学びです。親が焦ってはいけません。じっと見守り待つことこそ、子どもの学びになります。失敗することもあるでしょうが、それも含めての学びなのです。

ただし、一緒にいたくないのに相手に無理やり付き合わされている場合、または相手の子分のようにされてしまった場合は、この年代では親のアドバイスが必要になります。いくら子分にされていても、本人がそれで満足しているなら、親が口出しをする必要はありませんが、本人がイヤがっていても無理やり付き合わされている場合には、親が子どもにアドバイスをしてあげましょう。場合によっては、相手のお子さんに直談判も必要かもしれません。いずれにしても、親が「子育てのブレない軸」を持っていることは、相手に伝わります。親がブレていると、子どもも自分軸がブレてしまいます。そうなると、仲良くなって欲しくない友だちが寄ってくる結果になりかねません。

一番大切なのは、「我が子が自分で好きな友だちを選べること。イヤな友だちには『ＮＯ！』とはっきりと言えること」なのです。

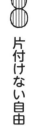

8 片付けない自由

「片付けなさい！」

↓

「自分のものは自分の場所に置こうね」

小学校に入ると、子どもの持ち物が激変します。それまで、おもちゃと自分の洋服くらいしかなかった子どもも、小学校に入ると教科書やノートなど勉強道具が増えます。また、習い事の道具や趣味の道具も増えてきます。学校から持ち帰るプリントやテストなど紙類もどんどん増えます。

小学生になった我が子に子ども部屋を与える親御さんも多いと思います。最初は自分の部屋、自分の机にワクワクしていた子どもも、すぐに慣れてしまい、子ども部屋は物置部屋になってしまう場合もあります。また、おもちゃや趣味の道具を出して遊び始めると足の踏み場もなくなります（笑）そんなときに、お母さんが部屋に入ってしまうと、絶句です！　思わず、

「片付けなさい！」

と叫んでしまっても仕方がないですね（笑）大人は、キレイに片付いた部屋が好きです。乱雑に散らかっているとイライラするし、家事の効率も落ちます。でも、実は子どもは困ってはいないのです。だから平気でいられるのです。**将来、片付けられる大人になってもらうためには、自分で片付けの必要性を学ぶしかありません。**親に怒られて片付けても「恐怖」しか残らないからです。

片付けの必要性や効率がわかるのは、もっと先です。中学生か高校生、大人になってからかもしれません。だからせめて、

「リビングはみんなの部屋だから、自分のものは自分の場所に置こうね」

と家族の部屋であるリビングだけは平和に保ちましょう。家中散らかっている子どもは、散らかっていても平気になりますが、一部でも片付いていれば、大きくなってからはその「片付いた状態」が気持ちいいことに気づくことができるでしょう。

9 学校へ行かない自由

「どうして学校に行かないの?」

←

「学校に行きたくないのね」

子どもが、学校に行きたがらなくなったら、親は焦ります。何としてでも行かせたいと思う親御さんも多いでしょう。「学校へ行くこと=善、学校へ行かないこと=悪」という思い込みがあると、ますます焦りは募ります。つい、

「どうして学校に行かないの?」

と聞いてしまいます。しかし、これでは質問ではなく、詰問になっています。この言葉を聞いた子どもは、責められたように感じてしまうこともあります。子どもは子ど

もなりの理由を持っています。ただ、それを上手に説明できないだけなのです。自分自身でも「学校へ行かなくてはならない」と思い込んでいる子どもなら、自分自身を責めてしまうかもしれません。自分で自分を責め、親からも責められたら、子どもは気持ちの休まる場所も時間もありません。**だから、まずは子どもに共感しましょう。**

「学校に行きたくないのね」

と共感してあげることで、子どもはホッと安堵するでしょう。解決策や対処法はその後になります。まずは、親が共感することで、子どもの心を開いてあげましょう。

子どもと話をするときに、命令文で「○○しなさい」と言うと、相手（子ども）は責められているような気分になります。

「学校へ行きなさい！」

と言われると、子どもは反発するか委縮するかしかなくなります。だから普段からなるべく命令文を使わないように心掛けることが大切です。その代わりに、「疑問文」を上手に使いましょう。疑問文にもいろいろあるのですが、

「学校へ行くの？　行かないの？」

のような疑問文は、答えが「ＹＥＳかＮＯ」しかありません。そしてこの場合は、親

が「ＹＥＳ」を期待していることがひしひしと伝わりますので、疑問文という名の命令文になっています。これでは、子どもは考えることもしないし、心を開くこともできません。

もう一つの疑問文として「ＹＥＳかＮＯ」で答えられない質問文があります。

例えば、

「学校へ行きたくない理由は何？」

と聞く場合です。この場合、子どもは自分でその理由を考えなければなりません。**その中で自分の心を整理し、対策まで自然に考えるようになります。**子どもと会話をするときにこんな質問文を使う習慣を持っていると、こんなときにも役立ちます。答えるときに自分で考えなければならない質問文とは「何（what）、いつ（when）、どこで（where）、誰が（who）、どうやって（how）」などです。ただし、使い方が難しい質問文として「なぜ、どうして（why）」があります。

「どうして学校に行かないの？」

と聞かれると、自分が責められているように感じるからです。「なぜ、どうして」はなるべく使わず、別の質問文に置き換えるようにしましょう。

そして、子どもが学校へ行きたがらなくなった場合には、これらの質問の前にまず、「共感してあげること」です。まず共感して我が子が心を開いてから、質問によって我が子が自分で心の整理や対策が立てられるようにサポートしてあげましょう。この順番を間違えないように心がけたいものです。

今、小学校でも中学校でも高校でも、不登校の児童生徒は増えています。我が子がある日突然、

「学校に行きたくない」

と言い出すこともあるかもしれません。そう言い出す前には、相当の葛藤が心の中にあったと思います。まずは一人で苦しんでいたこと、それを親に告白してくれたことをねぎらってあげましょう。親もツライ思いをしますが、一番ツライのは我が子なのですから。親の思いや希望はあるでしょうが、まずは子どもに共感してあげることが最優先だと思います。

10 イヤミの文化

「アナタが100点取ったら、大雨が降りそう」
↓
「よく頑張ったね。お母さんはうれしいよ」

日本には「イヤミの文化」があります。身内がいいコトをしたり、いい思いをしたときに、照れ隠しの代わりにイヤミを言うという習慣です。大人はもう数十年も生きてきましたから、たとえイヤミを言われてもそれが、照れ隠しだということがわかります。でも、子どもはそのままの意味で受け取ってしまいます。例えばテストで頑張ってせっかく100点を取っても、

「アナタが100点取ったから、大雨が降りそう」

と親に言われたら、子どもはショックです。自分が頑張ることが悪いことのように思えてしまいます。そうすると、子どもは無意識に、

「自分は１００点なんて取ってはいけないのだ」

と思い込んでしまいます。それよりも、素直に、

「よく頑張ったね。お母さんはうれしいよ」

とお母さんの素直な気持ちを伝えてあげましょう。**素直な子どもに育つためには、お母さんが素直でなければなりません。**そして、子どもはお母さんが喜ぶことが一番うれしいのです。

イヤミの文化は、家庭によっても違うでしょう。そんなことを言われたことのないお母さんもいらっしゃるでしょうし、何かにつけ親からイヤミを言われて育ったお母さんもいらっしゃるでしょう。前者のお母さんはお子さんにイヤミを言うことはないでしょうから、この項目を読んでもピンとこないかもしれません。でも、後者の家庭で育ったお母さんは、意識してイヤミを言わない努力をしてくださいね。

素直にお母さんのうれしい気持ちを伝えたほうが、親も子どももうれしいに違いないのです。そして、今日から「イヤミの文化」を「褒めて育てる文化」に変えていきましょう。

10~12歳

目標
「自立へ向かう」

親のとるべき態度
「大人として扱う」

怒りがわいたときの具体的方法
「思春期を見越す」

小学生も高学年になれば、背も伸びお母さんの背を越す子どもも出てくるでしょう。男の子では声変わりがあったり、女の子では初潮を迎える子もいます。この時期は、子どもから大人へ変化し始める時期でもあります。でも、親の感覚では、ついこの前小学校に入学したばかりのイメージのまま今日まで来た人もいるでしょう。これまでの3年区切りでは、入園式や入学式があったのでわかりやすかったのです。

でも、小学校低学年から高学年に向かうこの時期のための式はありません。親は余計に子どもの成長に気づきにくいのです。

しかし、小学校低学年から高学年に進級する頃、みんな9歳を迎えます。それは「9歳の壁」を越える年齢でもあります。「9歳の壁」とは、人間が大きく変わる転換点なのです。ただし、目に見えるわけではないので、親が気づかずにいるとそのまま通り過ぎてしまいます。

では、「9歳の壁」とはどのような転換点なのでしょうか。「壁」というと大きな障害物が立ちはだかっているようなイメージがありますが、そんなことはありません。

一言で言えば我が子の脳が、「子どもの脳」から「大人の脳」に成長する時期ということです。

9歳までの子どもは「あいまいな脳」を持っています。例えば、小学校の算数は低学年の間は足し算や引き算、掛け算、割り算など具体的にイメージできるものを習います。高学年になると子どもの脳は変化して「理論的な脳」になります。物事を理論的に考えることができるようになるのです。算数の内容も小数や割合など頭の中で理論的に考えて答えが出せるものになってきます。小学校高学年になると算数がわからなくなる子どもが増えるのは、そのためです。

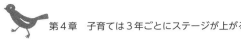

小学校低学年までは、

「えらいね、よくできたね」

と褒めてあげると喜んでいた子どもも、ただ褒めるだけでは喜ばなくなります。お子さんが高学年になったら

「どこが、どのようにいいのか」

を具体的に褒めてあげましょう。

つまり、**我が子が小学校高学年になったら、もう大人として扱ってあげてください。**

ここで、親が気づかずいつまでも子ども扱いをして上から目線で対応していると、これから迎える思春期になったときに、親子のトラブルが多発します。これから始まる反抗期をどのように過ごすかは、実はこの時期の親の対応にかかっているのです。

それでは、具体的に子どもとどのように関わったらいいのでしょうか？　大人と同じようにと言っても、まだまだ行動は幼く、親が注意しなければならない場面もたくさんあります。

大切なのは、「大人として扱う」ことです。私たちは周りの大人に対して怒ることはあまりないと思います。たとえ、心の中で怒ったとしても、伝える言葉を選んでト

ラブルにならないようにします。学校の先生やママ友に怒りをぶつけたり、ケンカをしたりすることはないでしょう。それは、心の中で「怒りを見せないようにするフィルター」に言葉を通しているからです。そろそろ大人として扱う我が子には、同じフィルターを通した言葉をかけるようにしましょう。そうやって、大人扱いをしてあげることが、結果として子どもを自立へ向かわせることになります。

あと数年したら、子どもは自立して社会に旅立っていかなくてはなりません。まだまだ先と思っていた「社会人」としての自立が見えてくる時期がこの頃なのです。後は、親である自分がそれを見ようとするかしないかだけなのです。この時期に「将来自立した大人になった我が子」をイメージできれば、これから来る思春期、自立期もスムーズに通り抜けることができるでしょう。大切なのは、親がそれに気がつくかどうかですよ。

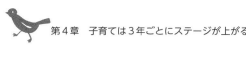

1

お手伝いしないとき

「お手伝いしなさい！（怒）」

↓

「やってくれたらお母さん助かる〜」

小学校低学年までにお手伝いが習慣化していることが理想です。しかし、そんなに上手くいく家庭ばかりではないでしょう。小学校高学年までお手伝いをまったくしなかった子どもは少ないでしょうが、習慣化していないと、「気が向いたときにお手伝いする」という、子どもに決定権のあるお手伝い風景になるかもしれません。もしあなたの家庭がそうであるなら、「気が向いたとき」を増やすようにしましょう。いくつになっても子どもはお母さんが喜んでくれることがうれしいのです。だから、お手

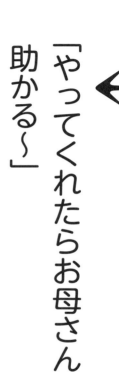

伝いをお願いするときに、

「お手伝いしなさい！（怒）」

と命令口調で言っても逆効果でしょう。子どもは反発するだけです。それよりも、

「コレをやってくれたら、お母さん助かる～」

と、自分が手伝うことによって、お母さんが喜ぶということを口に出して言ってあげましょう。例えば、お母さんより背の高くなった子どもに、高いところにある物を取ってもらったり、お母さんには持てそうもない重いものを持ってもらったりすると、子どもは自分が役に立ったということが実感できてうれしいでしょう。

あと数年後に来る反抗期をスムーズに過ごすためにも、まずお母さんが素直に感情を出す練習をしましょう。この場合、「怒る」というマイナスの感情ではなく、「喜ぶ」というプラスの感情です。日本人は感情を素直に表現するということを良しとしない風潮があります。だから、感情表現が苦手なのです。でも、練習次第では上手にできるようになります。お母さんが笑顔で感情表現ができるようになると、子どもは反発する必要がなくなります。今から反抗期対策をしておくと、数年後にラクができますよ。

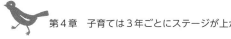

2 宿題を朝になってもやっていないとき

「どうしてやっていないの！（怒）」

↓

「あなたはできる子よ。今日はたまたまできなかっただけよ」

小学校低学年のときはあんなに元気だったのに、高学年になった途端に無口になってしまうお子さんがいます。お母さんは心配しないでください。「9歳の壁」を越え、大人に近づいている証拠ですからそのまま見守ってあげましょう。思春期を抜ければ、自分を表現できる大人になります。変身している途中だと思いましょう。

とはいえ、小学生ですから宿題はやらなくてはなりません。小学生になって一日のスケジュールを自分で決めるという習慣がついてくると、子どもによってはやりたくないことは後回しにしてしまうお子さんもいるでしょう。前の項でも書きましたが、宿題は子どもにとっては優先順位が低いものですから、どうしても後回しになる場合もあるのです。中には、朝起きてから宿題をしようと思ってしまう子もいるでしょう。

しかし、朝寝坊してしまうと学校に行く前になっても、宿題は白紙のままということもあるかもしれません。前日からイライラしながら見守っていたお母さんも、

「どうして宿題をやっていないの！（怒）」

と堪忍袋の緒が切れるでしょう。この時期にこそ親は「思春期を見越す」イメージを持って欲しいのです。**思春期までに子どもには「自分はやればできる」というセルフイメージを持たせることが一番大切なことです。**私は宿題をするしないよりも、大切なことだと思っています。だから、

「あなたはできる子よ。今日はたまたまできなかっただけよ」

と言ってあげましょう。これこそが「言葉のフィルター」です。心の中では「どうしてやってないの！　このまま宿題をやらないナマケモノになったらどうしよう」という不安はあるかもしれませんが、それはお母さんの心にしまっておきましょう。子どもはこんな失敗を重ねることで、「できる自分」に近づいていくのです。

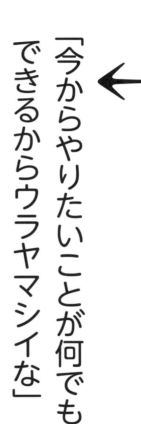

3

将来の話をする

「将来のことを考えなさい！」

←

「今からやりたいことが何でもできるからウラヤマシイな」

小学校低学年までたくさんの体験をしたり、たくさんの本を読んだ子どもは、真剣に自分の将来の仕事を考え始めます。それまでは、「人を楽しませたい」「人の役に立つ仕事をしたい」とぼんやりとしたイメージしかできなかった子どもも、高学年になると具体的な職業を思い浮かべることができるようになります。だからこそ、**この時期にしっかりとした未来を見せてあげることが大切です。**この時期を逃してしまうと、中学高校になって、自分の将来のイメージがつかめないまま、偏差値だけで高校や大学を決めてしまうことになります。

いざ高校や大学に入って、将来の仕事を考え始めたときに「果たして自分のやりたいことは何だろう？」と戸惑ってしまうことになります。だからこそ、小学校高学年のこの時期に、子どもと一緒に将来のことを考えて欲しいのです。ただし、

「将来のことを考えなさい！」

といきなり言っても子どもは戸惑うだけです。楽しい雰囲気で親も一緒に考えてあげましょう。

「あなたは今からやりたいことが何でもできるのだから、お母さんはウラヤマシイな」

と言ってあげたら、きっと子どもの心の中には「なりたい自分になれる」イメージがはっきりとできるでしょう。これが、子どものセルフイメージになります。心の底の無意識の領域で「なりたい自分になれる」と思うことができれば、これから先、困難なことに出会っても、乗り越えていく強さを身に付けることができるのです。それとともに、お母さんが心から応援する姿を見せることで、将来一人で困難に立ち向かうときに、子どもの心の中でいつでもお母さんが応援する姿をイメージすることができるでしょう。

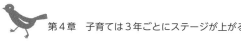

4 否定しない

「そんな考えじゃダメでしょ!」

↓

「あなたはそう考えているのね。もっと聞かせて」

小学校高学年ともなると、親の言うことはなかなか聞かなくなります。また、物事を簡単に済ませよう、ラクに済ませようというナマケ心が出てきたりもします。

見守る親はもっとキチンとして欲しい、一つ一つのことを丁寧にして欲しいと思います。例えば、ノートの字が乱雑だったり、学校にギリギリにならないと出かけなかったり…。このまま大人になってしまったら、社会人としてやっていけないのではないかと心配になります。それを正そうとすると、

「そんな考えじゃダメでしょ！　もっとちゃんとしなさい！」と叱咤激励をしたくなります。でも、この時期の子どもにキック言っても、反発されるか萎縮してしまうかのどちらかです。親としては素直に反省して改めて欲しいところですが、それはほとんど望めないでしょう（笑）人間は、人から命令されると反発したくなるからです。ここでは、とことん子どもの考えを聞いてあげましょう。

「あなたはそう考えているのね。お母さん知らなかったわ。もっと聞かせて」とお母さんが身を乗り出せば、子どもはどんどん話してくれるでしょう。**大事なのは、お母さんの聞く態度です。**「どうせあなたはできないのだから」と思って聞くと、身を乗り出して聞くことはできません。そんなお母さんの態度を子どもはちゃんと見ています。子どもがどんどん話したくなる雰囲気を作りましょう。

子どもは自分の心のウチをお母さんに話すことで、自分の心の中のもやもやが整理されていきます。お母さんは自分の意見やアドバイスを言う必要はないのです。ただ、一生懸命聞くだけで、子どもは自分で自分の心を整理することができます。実は、これはコーチングのスキルなのです。身近にいるお母さんが子どもの心のコーチになることで、子どもは自分の遠い目標に到達することができるでしょう。

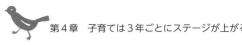

5

子どもの反抗にのらない

「親に向かって何言うの！（怒）」

←

「あなたはそう思っているのね」

この頃からだんだん親子バトルが増えてくる家庭も多いと思います。昨日まであんなに素直だった我が子が、口答えをしはじめ、親をバカにしはじめるかもしれません。これも、**子どもが「9歳の壁」を越え、親を理論的に批判しはじめるからなのです。**

親は子どもから批判的な言葉を言われるとカチンときますが、ここでの親の対応の仕方が、そのすぐ後にくる反抗期の対応につながってきますので、無駄なイザコザを起こさないようにしましょう。例えば子どもが、

「クソババア！」

と言ったら、当然言われた親はカチンときます。思わず、

「親に向かって何を言うの！（怒）」

と怒鳴りつけたくなります。でも、子どもを怒鳴りつけたところで、その後でイヤな気分が残るだけで、何もいいことはありません。そして、親子の言い合いはエスカレートしていくばかりです。だから最初が肝心です。冷静に対処するよう努力しましょう。なかなか難しいことではありますが。一番効果のある方法は、

「あなたはそう思っているのね」

と努めて冷静に言ってあげることです。子どもはカッとなってつい言ってしまった言葉なのです。本心からの言葉ではありません。そして、自分が怒っているときには、相手にも怒って欲しいと思っています。だから、お母さんまで怒ってしまったら、子どもの思うツボなのです。逆に自分が怒っているのに、相手が冷静だと「あれ？」と自分の心に気づくことができます。そうすると反省することもあるかもしれません。そうやってお母さんが冷静であることで、子どもも怒りを長引かせることなく収めることができるようになります。これは、思春期に入ってからの親子のやり取りの練習です。そう思って、「冷静になる」コツをつかんでくださいね。

6 反抗にはオウム返し

「あなたが悪いのでしょう!」

↓

「早く起こして欲しかったのね」

ここからはいくつか、コーチングのスキルをご紹介します。コーチングを子育てに使うと、子育てがとてもラクになります。また子どもも素直になるので、びっくりするかもしれません。小学校高学年のこの章に書きましたが、実はいつからだって使えます。赤ちゃんからこの子育てコーチングのスキルを使って子育てをすると親も子もすんなりと受け入れられると思います。ただし、手遅れはありません。**いつからだってお母さんは変われますし、お母さんが変われば子どもはその日から変わります。**

「お母さん、明日の朝、起こしてね」

と夜、子どもに言われたとします。翌朝、子どもを起こしてもなかなか起きません。学校に遅刻しそうな時間にやっと起きてきて、

「起こしてって言ったじゃない！　どうして起こしてくれなかったの（怒）」

と子どもに言われたら、どうしますか。つい、

「ちゃんと起こしたわよ。起きないあなたが悪いのでしょう！」

と言い返してしまいそうですね。それは正論かもしれません。でも、それでは親子バトルはひどくなるばかりです。もし、こんな風に言える余裕があれば言ってください。

「早く起こして欲しかったのね」

子どもの怒りの向きとお母さんの答えが違う方向を向いているようですが、きっとお子さんの怒りの炎は半分くらいになるでしょう。

実はこれはコーチングスキルの「オウム返し」です。相手の言った言葉の語尾を繰り返すだけなのです。同じ言葉を相手から言われると、自分に共感してもらえたと感じるのです。人間は自分に共感してくれる相手に心を開くのです。ちょっとした親の言葉遣いで、その後の親子のコミュニケーションが変わるとしたら、使ってみる価値があると思いませんか？

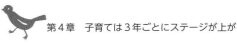

7 反抗にこそ共感

「あなたの考えは間違っている！」

←

「そんな風に考えるんだ～」

この頃の子どもは、だんだん理論的に合理的に物事を考え始めるようになります。大人の世界には「本音と建前」の考え方がありますから、おかしいと思うこともなぁなぁにしてやり過ごすこともできます。おかしいなと思っても、そのほうが物事がスムーズに進むからです。

でも、この年代の子どもは、「建前」という考え方が未熟です。だから、大人社会の矛盾が許せなくて、鋭く突いてきたりします。大人はタジタジになります（笑）

1〜3歳
4〜6歳
7〜9歳
10〜12歳
13歳〜

「どうして勉強しなくちゃいけないの？　大人になってから算数なんて使わないじゃない」

と我が子の一人が聞いてきたことがあります。確かにその通りです。この問いに答えられる大人は少ないと思います。じゃあ、勉強しなくていいということでしょうか？

ここで私は、「受験のため」とは言いたくありませんでした。でももし、子どもが、

「勉強する必要なんてないじゃない」

と言い出したら慌てると思います。これは、親として認めるわけにはいきません。こんなとき、子どもに真正面から立ち向かうと、大抵親が負けます（笑）本音と建前論になったら、建前で生きている親は弱いものです。だからと言って、

「あなたの考えは間違っている！」

と強く出てしまったら、その後子どもに正論を振りかざされてしまうのは目に見えています。そんなときは、

「そんな風に考えているんだ〜」

と逆に共感してあげましょう。お母さんに共感してもらった子どもは、心の中に味方ができるわけですから、自分の考えに自信を持つでしょう。

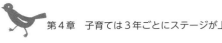

8 スキンシップを忘れない

「いい加減に早く起きなさい！」

↓

「おはよ～（パンっ！と背中を叩く）」

子どもが朝起きないというのは、未就園児から高校生までの子育て中のお母さんの共通の悩みです。起こしても起こしても朝起きない。遅刻ギリギリに起きてきて、大慌てで出て行く。親としては早めに起きて、余裕を持って準備をして、できれば親子や兄弟のコミュニケーションもして、おまけに朝勉強もして欲しい。という理想を持っています。そして、理想と現実のギャップに悩んでしまうのです。

「早起き」だけの問題として見ると、現在の子どもの状態は悩みでしかないかもしれません。でも、**ここで「視点の移動」をしてみましょう。**「視点の移動」とは、ある物事の見方を変えるということです。悩みを抱えているとき、その悩みだけを見ていると暗い気分になるし、解決法はないような気持ちになってしまいます。でも、見方を変えるとまったく別の風景が見えてくることもあるのです。ここでは、スキンシップに焦点を当ててみましょう。

子どもが赤ちゃんのときは、否が応でも毎日抱っこをしていました。幼稚園や保育園のときも子どもから「抱っこ～」と抱っこをせがまれていました。小学校に入っても低学年のうちは、外では照れて手をつながなくても、家の中ではお母さんに甘えて抱っこしてもらうこともあったでしょう。

しかし、高学年になって「９歳の壁」を越えると、急に大人になってスキンシップは少なくなっていきます。いつまでも親子でベタベタしているわけにはいかないからです。そうするとだんだん心も離れていってしまいます。子どもは自立に向かうわけですから、それが自然なことなのですが、この先、思春期になると子どもの心は不安定になります。誰の助けも借りず、一人で自立に向かわなくてはならないからです。

そんなときこそ、お母さんの言葉やスキンシップが心の糧になるのです。でも思春期に入った子どもにスキンシップをすることは至難の業です。急に優しい言葉をかけると気持ち悪がられたりします（笑）

だからこそ、この時期のスキンシップが大切なのです。でも、昼間は高学年の子どもとスキンシップをとることは難しいです。だからこそ、朝起こす時間をスキンシップタイムにしませんか。何もベタベタ触る必要はありません（子どもが望むのであればかまいませんが）。

「おはよ〜」

とお母さんが明るく言って、子どもの肩や背中をパンっと叩くだけでいいのです。

または、足の裏をくすぐるのもいいですね（笑）そうやって、スキンシップを毎日とり続けていくことは、子どもの心の糧になり続けます。

朝の時間を、

「いい加減に早く起きなさい！（怒）」

と怒りの時間にするか、スキンシップタイムにするかはお母さんの考え方次第ですよ。

もし、お子さんが起きなければ、抱きついたりお布団の中にもぐり込んだらどうでしょう（笑）きっとお子さんはびっくりして飛び起きますよ。

このすぐ後に思春期がやってきます。子どもは親との距離を取り、自分の殻に閉じこもります。そして親子の会話も少なくなります。親に反抗することもあるでしょう。親も子もとても不安になる時期なのです。子どもが何を考えているのかわからないと感じるかもしれません。そんなときに絶えずスキンシップをしていると、親子の絆が途絶えることはありません。

だからこそ、小学校高学年のこの時期に、スキンシップをし続けることが大切なのです。お子さんの肩に触る、背中を叩く、腕をなでるなどでもかまいません。意識してスキンシップをとり続けてくださいね。

9 親子での買い物を見られたら恥ずかしい？

「そんなに離れないでお母さんのそばにいなさい！」

↓

「一緒に買い物に来てくれて、お母さんうれしい」

今まで買い物へは喜んで付き合ってくれていたのに、高学年になると急にお母さんと外出するのをイヤがるようになった、そんな思いをしているお母さんもいらっしゃるでしょう。

それは、お母さんがイヤになったのではなく、もしお友だちに見られたら恥ずかしいという気持ちでしょう。**それは心が順調に育って、自立に向かっているという証拠です。**

まずはその気持ちを尊重してあげましょう。でも、子ども自身の洋服を買うときや、重い荷物を持ってもらうときには、やっぱり子どもと一緒に買い物に出かける必要があります。

街を歩くときやお店の中では、子どもはお母さんから離れたがるかもしれません。お母さんは一抹の寂しさから、

「そんなに離れないでお母さんのそばにいなさい！」

と言ってしまいます。

でも、子どもはお母さんから離れていたいのです。その気持ちを尊重してあげましょう。子どもはお母さんがイヤになったのではありません。知っている人やお友だちに見られるのがイヤなのです。もう高学年ですから、お母さんから離れても、迷子になることはないでしょう。その子どもの気持ちに対して、

「一緒に買い物に来てくれて、お母さんうれしい」

とお母さんの気持ちを素直に言ってあげましょう。

親子の会話はどうしても命令文が多くなります。「～しなさい」という言い方です。例えば夕ご飯を食べるとき、ご主人が、

「このおかずは味が濃すぎる。作り直しなさい！」

とおっしゃったら、反発を覚えるか恐怖を覚える方が大半だと思います。人間は命令をされると反発したくなります。でも、

「僕はこのおかずの味がちょっと濃いかなぁと思うよ」

と言われたら、素直に反省して「次は少し塩分を控えよう」と思えると思います。

大人でもそうですから、子どもはなおさらです。

だから、なるべく「お母さんは～」を主語にして、お母さんの気持ちを話すのです。そうすると子どもは命令文ではないことに驚き、話を聞いてくれるでしょう。**「お母さんは～」「私は～」と自分を主語にして話すことを「アイ（I）メッセージ」と言います。**アイメッセージは、聞く側にとっては、自分のことではないので素直に聞くことができるのです。

特に子どもはいつも命令文で自分のことを聞き続けていますから、お母さんが声をかけるだけで何か命令されるのではないかと身構えています。でもアイメッセージならば、子どもは身構える必要がないので素直にお母さんの言葉が心に入るのです。その言葉が感謝の言葉であればなおさらです。

もし一度でもアイメッセージが上手くいけば、お母さんにとっては成功体験です。その次にはもっと自然にアイメッセージを使うことができるでしょう。子どもが小さいときは、命令文で話すことはある程度仕方がないのですが、子どもが3年区切りのステップを上がるたびに、だんだんとお母さんも話し方を変えていくといいでしょう。そのときになるべくアイメッセージを増やすようにすると、子どももお母さんの話をすんなりと聞いてくれるので、話しやすいと思います。

親子で買い物をすることを「子どもの義務」と考えれば、親をイヤがる子どもが悪いように感じます。しかし、「親の趣味に付き合ってくれる」と思えば、感謝の気持ちが自然とわいてくると思います。後数年したら、子どもと一緒に買い物に行くことはないかもしれませんし、それどころかすでに一緒に住んでいないかもしれません。

そう思うと、この時期の子どもと一緒に買い物ができるだけで、貴重な機会だと思えませんか？

10

学校の個人面談の結果を子どもに伝える？

「学校の先生に『騒がしい』って、言われたよ（怒）」

←

「○くん（ちゃん）は明るいんだってね、お母さんうれしかったよ」

小学校に入ると、年に数回は担任の先生との個人面談があります。先生と保護者が一対一で子どもの学校生活のことや家庭のことを話し合います。お母さんは緊張する一瞬です。我が子が担任の先生からどう評価されているのかは、どんな親だって気になるものです。できれば、先生から我が子がよく思われていたいと思うのは自然なことです。でも、普段の我が子の様子を見ていると、個人面談に行くことが憂鬱になるお母さんもいらっしゃるかもしれません。

実際の個人面談で、悪いことだけ言う先生も、いいことだけ言う先生もいらっしゃらないでしょう。お子さんのいいところと、直して欲しいところ、そしてこれからの課題も言われると思います。**でも、お母さんが緊張して身構えていると、どうしても「悪いところだけ」強調して聞こえてしまいます。**そして、恥ずかしさややるせなさの思いが、だんだん「怒り」に変わってくるのです。家に帰ると、

「学校の先生に『あなたは騒がしい』って言われたよ（怒）」

と子どもにその怒りをぶつけることになります。でも、よく考えてください。先生は必ずお子さんのいいところも指摘してくださっているはずです。だからまず、そこを伝えてあげましょう。

「○ちゃんは明るいんだってね。クラスが明るくなるって先生がおっしゃってたよ。お母さんうれしかったよ」

こういう言葉を聞いたお子さんは、うれしくなるでしょう。そして、翌日からも元気に学校へ行けるし、先生のこともますます好きになるでしょう。そう伝えた後で、「でも、明るく発言するタイミングをもうちょっと考えたら、ますます良くなるっておっしゃったよ」と付け加えてあげましょう。

11

我が子だけレギュラーになれなかった

「あなただけレギュラーになれなくて、お母さん恥ずかしかったよ」

↓

「残念だったね。きっと次はいいことがあるよ」

小学校によっては、放課後にクラブ活動のような感じでいろいろなスポーツ少年団がある場合もあるでしょう。今は、小学生でも一つのスポーツに励む子どもが増えてきました。そんなスポーツ少年団では、コーチや監督も一生懸命です。「勝つこと」が至上命令になると、自ずから練習もハードになり長時間の練習ということも珍しくないでしょう。そんな環境では、子どもたちも親も「勝つこと」に向かって一生懸命努力します。

しかし、あまりに一生懸命になりすぎると、「勝つこと」「レギュラーになること」が目的になってしまいます。本来の目的である「スポーツに親しむこと」「丈夫な体を作ること」が二の次になってくるのです。

そんなときに、我が子がレギュラーになれないことがわかると、親子ともショックを受けます。子どもがショックを受けるのはある意味仕方がないことです。でも、**そんなときに親まで同じようにショックを受けてしまったら、子どもは気持ちの持って行きようがなくなってしまいます。**

「あなただけレギュラーになれなくて、お母さん恥ずかしかったよ」

と言ってしまいがちです。でも、子どもはお母さんにいい思いをさせるためにスポーツをやっているわけではないのです。

また、レギュラーになれないことは、恥ずかしいことではありません。それなのにそう言われたら、子どもは余計に落ち込んでしまいます。だから、親の気持ちは横に置いておいて、

「残念だったね。きっと次はいいことがあるよ」

と子どもの目を未来に向けさせてあげましょう。親は常に、子どもの二歩先を見ていたいものですね。

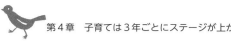

13歳〜

目標
「自分の足で歩く」

親のとるべき態度
「背中を見せる」

怒りがわいたときの具体的方法
「グッとこらえて任せる」

子どもが中学生になったら、もうすっかり親は追い越されます。背の高さはいろいろでしょうが、体力は子どもにはかないません。この頃になると親の体力は低下する一方です。反対に子どもはどんどん体も大きくなり体力もついてきます。

また、学力も親を追い越す子どもが多くなるでしょう。人間の記憶力・集中力は十代の頃にピークを迎えるといわれています。ハード面では親を上回る子どもが多いと思います。しかし、人生経験というソフト面では、まだまだ親のほうが上回っています。子どもは人生経験がまだ少ないからです。
私は、子どもが小学校を卒業して、中学校に入学しても、まだまだ子どもは未熟だから面倒をみてあげないと何もできないと思っている親が多すぎるように思います。

子どもはある部分では親を追い越し、人生を一人で歩き出そうとしています。

そのことに親が気づかないと、親子でぶつかることが多くなります。それがいわゆる「反抗期」です。親がいつまでも自分のほうが上だと思っていると、親を追い越そうとしている子どもとぶつかる場面が多くなります。

「反抗期はあって当たり前」「反抗期がないと正常な大人にはなれない」という風潮が日本にはありますが、そうではないと思います。子どもが中学生になってもまだ子ども扱いをし、命令ばかりしていると子どもは反発します。だから、親が子どもに抜かれることを自覚し、子どもが自分の足で歩き始めたことを認めて応援してあげる姿勢を見せると、子どもは反抗する必要がなくなります。もちろん、子どもは自立するために自分の殻に閉じこもったりもしますから、今まで通りの親子関係が続くとは限りません。

子どもが中学生になったら、大切なことは「子どもに任せる」ということです。もちろん、まだ未熟ですから、失敗したり、遠回りをすることも多いと思います。見守る親はイライラハラハラすることが増えるでしょう。でも、失敗をしたり遠回りをしたりするからこそ、自分の最善の道が見えてくるのです。そのためにも「グッとこらえて任せる」ことを心に留めておきましょう。子どもが朝起きない、学校に遅刻する、勉強をしない、手伝いをしないなど、口を出したくなることも多いですが、そのときこそグッとこらえるときです。我が家でも中学高校時代、特に中学時代の子どもたちにはイライラハラハラさせられっぱなしでした（笑）その中で、

「これだけは、絶対に注意しなければ」

ということもあります。**その場合に大切なのは、「その場で注意せず、後で冷静になったときに具体的に伝える」ということです。**

子どもが幼いときにはすぐに忘れてしまいますから、その場で伝えないと伝わりません。でも、中学生になるとその場で伝えると、バトルになる可能性大です（笑）親子ともカッとなっているときに何を言っても伝わらないのです。それよりも、数時間たって頭が冷えた頃、冷静に真剣に伝えるのが効果的です。

テスト前になっても一向に勉強しようとしない我が子に向かって、

「勉強しなさい！」

と言うと、

「今、始めようと思っていたのに（怒）」

と親子バトルになってしまい、結局ふて寝してしまったということになりかねません。

少し時間をおいたり、オヤツタイムを作ったりして気分を変えてから、

「お母さんが中学生の頃、勉強しなくてヒドイ成績を取ってしまった話」などしてあげると、心に響くかもしれません。実は、これは私の実話です。

それからもう一つ、子どもにイライラしない方法は、「お母さんが自分の背中を見せる」ということです。自分のやりたいことを一生懸命するお母さんの姿を見せることです。それは、仕事でも趣味でもボランティアでもいいでしょう。楽しいだけではなく、苦労や努力をすることを親自身が体験することです。そういう意味で仕事と子育てを両立してきたお母さんは、この頃から子どもが勝手に自立していくのを見守るだけです。今まで、ずっと「親の背中」を見せ続けてきた甲斐があるというものです。そうではないお母さんは、自分自身の目標を探すことを始めてみましょう。自分のことに必死になると、子どもが目に入らなくなるのでイライラも減りますよ。

1 ダラダラして勉強しない我が子

「勉強は？（怒）」

↓

「毎日勉強頑張っているね」

小学校までの学校の勉強は、「勉強って楽しい！」と思えていれば、それでよかったと思います。中学受験をしたお子さんはそんな生易しいことでは許されなかったでしょうが。でも、中学校に入ったら、勉強の目的が変わってきます。「高校受験」、またはその先の「大学受験」が目標になります。小学校時代は、

「何のために勉強するの？」

と聞いてきた子どもへの説明に困っていたお母さんも、

「まずは、自分の行きたい高校（大学）に合格するためよ」

と言えばよくなるので、悩むことはなくなりそうですね。

でも、実際の生活での子どもは勉強もせず、ゲームやスマホに夢中になっているかもしれませんね。そんな姿に小学校のときとは違うイライラを募らせるのではないでしょうか？　子どもが勉強しないことは、小学校のときは漠然とした未来への不安でしたが、中学生になると期限付き（高校受験・大学受験）ですから不安も大きくなります。でも、

「勉強は？（怒）」

と語気を強めて言ったとしても、子どもは素直には勉強してくれません。かえって反発を招くだけです。**この時期の子どもは「自分で決めて自分で行動する」ことこそ大事ですから、お母さんは「理想の我が子」がすでにそこにいるかのように発言しましょう。**

「毎日勉強頑張っているね」

と親から言われたら、子どももスマホやゲームを置いて勉強せざるを得なくなるかもしれません。すぐには無理でも、そんなお母さんの声は心に届いていますから、きっと何らかの変化はあると思いますよ。

2 テストの成績が下がった

「今回のテスト、成績が下がったじゃない」

↓

「みんな頑張っているのね」

いくら本人が頑張っても、テストの成績がすぐに上がるわけではありません。順位がつくテストは一人で受けるのではなく、大勢の生徒が受けるからです。自分がいくら頑張っても、一緒に受けた生徒がもっと頑張っていたら、自分の成績は下がってしまいます。ここが、小学校のテストとは違うところです。

でも、お母さんが「子育てのステップを一段上がった」意識を持たないと、

「小学校のときはいつも１００点だったのに」

と子どもの成績に落ち込んでしまいます。またテストの順位でも、「順位が下がった＝我が子が努力していない」と感じて怒ってしまうのです。

「今回のテスト、成績が下がったじゃない」

でも、成績が下がって一番ショックを受けているのは本人なのです。すでに自分の足で歩き始めているので、期限（高校受験・大学受験）も本人がちゃんとわかっています。そのうえ、親からも責められたら、奮起するよりも萎縮してしまいます。だから親は、グッとこらえて任せるのです。

「みんな頑張っているのね」

と我が子だけではなく、他の子まで見ることができたら、子どもの視野も広くなるでしょう。そして、自分にも照らし合わせて考えてみてください。自分が目標としていることで、頑張っても頑張っても上手くいかないことはあるでしょう。そんな話をしてあげて、**「同士」として話し合えたら、子どもはどんなに心強いでしょう。**私は漢字検定の受検をして、覚えても覚えてもすぐに忘れてしまう漢字に四苦八苦していましたから、子どもの成績が思ったように上がらなくても、その気持ちはよく理解できました。漢字検定は何度でもチャレンジできますが、高校受験や大学受験は何度もチャレンジすることはできませんから、もっと辛いだろうなと思っていました。

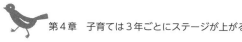

3 遊んでばかりの我が子

「友だちと遊んでばかりじゃダメ！」

↓

「楽しく遊んでおいで。帰ってから◯◯してね」

中学生ともなると、親といるより友だちといるほうが大事になります。特に、家でお母さんの小言が多いと、家にいるより友だちといたほうが楽しいと感じるのは当たり前です。また、人生の親友に出会えるのもこの頃が多いのではないでしょうか。

これは「友だちと遊ぶこと」を親がどうとらえるかにもかかっていると思います。「友だちと遊ぶこと＝悪」と思うと、遊びに出かける我が子は悪の道に入ってしまうのではないかという不安がわき起こります。こんなときには、「視点の移動」をしてみましょう。「友だちと遊ぶこと＝一生の友だちを作っていること」と思うと、良いことのように思えてきますね。**一生の友だちがいるのといないのとでは、人生の質が変わるということは、お母さん自身が感じるところでしょう。**

とは言っても、やることはやってもらわなくてはなりません。一生遊んで暮らせるわけではないですからね。私たちの中には「義務が先、ご褒美は後」という考え方が身に付いていています。だから、

「友だちと遊ぶ前に勉強しなさい」

と言ってしまうのです。でもご褒美を先にあげれば心が満足しますから、その後テンション高く義務がこなせるという考えもできます。実は私はその考えに賛成です。

だから、

「楽しく遊んでおいで。帰ってから勉強しようね」

とか、

「楽しく遊んだ後で、お手伝いをしてね」

ということを、遊びに行く前に約束をしていました。子どもだって遊びに行きたい一心ですから、この約束は守ってくれますよ。

4 「ガンバレ」は逆効果

「ガンバレ！」

↓

「頑張っているね」

「ガンバレ」とは、よく使う言葉です。挨拶代わりにもなりますね。でもこの言葉、相手の状況を良く考えて使わないと、実は危険な言葉です。

相手が（我が子でもです）、好きなことを精一杯頑張っているときには、

「ガンバレ！」

と応援されると、ますます頑張ろうという気持ちになります。例えば、クラブ活動で試合に行くときなどです。「ガンバレ！」と言ってもらっただけで、「ガンバロウ！」

という気持ちになります。でも、**自分が好きではないけれど義務でやらなければならないとき、苦境に陥ったときにこの言葉をかけられると心の負担になります。**

「今だって頑張っているのに、これ以上まだ頑張らなくちゃいけないの？」

と落ち込んでしまうかもしれません。だから、そんなときには、

「頑張っているね」

と応援してあげてください。頑張っている自分を認めてもらうことで、相手（お母さん）に共感してもらっているということがダイレクトに伝わります。そうすると相手の中には「ガンバロウ」という気持ちがわきやすいのです。勉強は多くの子どもたちにとっては、好きなことではないかもしれません。義務感でしている子どもも多いでしょう。そんなときに「頑張っているね」とお母さんに認めてもらったら、子どもの心は癒されるでしょう。

それは大人だって同じです。自分は苦手だけど、義務感でやらなければならないことを認めてもらえると、明日からの元気がでます。私の場合は、お弁当作り。

「お弁当作り頑張っているね、ありがとう」

と主人から言ってもらうだけで、明日は主人の好物を入れてあげようと力がわいてきます（笑）

5 ウチの子、イジメられているかも

「誰にイジメられたの？（と問い詰める）」

↓

「ツライね、よく頑張っているね」

中学校でのイジメは今や特別なことではありません。今はそんなそぶりも見せない我が子だって、いつ誰にイジメられるかはわかりません。それは小学校でも同じでしょう。小学生のときは、我が子の様子をよく観察していれば、いつもと何か様子が違うということにわりとすぐに気づけたお母さんもいらっしゃいます。そして、お母さんがアドバイスをして先生に相談したり、本人にどうすればいいかを教えることもできました。しかし、中学生ともなると、親に素直には言ってくれません。それどこ

ろか、親にはイジメられていることを知られたくないと、普通に振舞ったり、いつも以上に元気に騒いでしまう子どもも出てくるでしょう。だから、もし我が子の様子がいつもと違うからといって、

「誰にイジメられたの？」

と問い詰めると、子どもはますます追い詰められるばかりです。それよりも、

「ツライね、よく頑張っているね」

と共感してあげましょう。特にツライ気持ちに共感してもらうと子どもはお母さんに安心して心を開くことができます。親に心配をかけたくないと頑なだった心も開くかもしれません。


この年代になると、子どもにアドバイスをしたり、親が解決しようとしたりするよりも、子どもの気持ちに共感してあげることが大切になります。子どもから「助けて欲しい」とＳＯＳがあったときには、アドバイスをしてあげるといいですが、子どもがそっと見守っていて欲しいと思っているようなら、子どもの気持ちを尊重してあげましょう。そんなときこそ、普段からの親子のコミュニケーションが大事になります。

「お母さんに言ったら、怒られる」

と思われないことが大切なのです。

6 子どもの帰宅時間が遅い

「もっと早く帰って来なさい！」

↓

「よく帰ったね。お母さん心配していたよ」

中高生になると、クラブ活動があったり、友だちとしゃべっていたり、塾があったりで帰宅時間は遅くなります。しかし、現代はいろいろな事故や事件が起こったりしますから、あまり帰宅時間が遅いのは、心配になります。

でも、子どもが帰ってくるなり、

「もっと早く帰って来なさい！」

とお母さんから怒られたら、せっかく我が家に帰ってきた子どもは安心することができません。子どもは学校で、先生や友だちに気を使い、緊張して授業を受けてくるのです。**家はそんな緊張状態をゆるめる場所であって欲しいですね。**お母さんは心配すればするほど、子どもが無事帰って来たときの安堵と同時に怒りがわくのです。それをそのまま子どもにぶつけても、子どもは余計に緊張するばかりです。ここで親子バトルになったら、子どもはさらに緊張状態を続けなくてはならなくなります。そうならないためにも、子どもが帰宅したら、

「よく帰ったね。お母さん心配していたよ」

とまず、自分の気持ちを伝えましょう。それが上手に伝われば、お母さんの怒りも静まるはずですよ。

「よく帰ったね」

は、私が子育て中ずっと（今でも）子どもや主人が帰宅したときに言う言葉です。帰ってくるのが普通だと思っていると、ちょっと違和感がある言葉かもしれませんが、今は交通事故や事件なども増えていますので、無事に家に帰ってくることは奇跡だと自分に言い聞かせています。ちなみに、家族が出かけるときには、

「いってらっしゃい。元気に帰って来てね～」

と送り出しています。

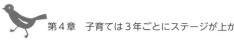

7 お弁当箱を出さない

「お弁当箱を出しなさい！」

↓

「(朝)ザンネン！ 洗ってないからお弁当作れないね」

今は、給食のある中学校や高校も増えましたが、お弁当を持って登校する学校も多いことでしょう。給食のある学校でも、土日のクラブ活動や試合でお弁当が必要な日もあるでしょう。

各家庭でルールは違うと思いますが、使ったお弁当箱を出して、自分で洗うというルールを作っている家庭もあるでしょう。もし、夜になってもその日のお弁当箱を出してなかったら、どうしますか？

「お弁当箱を出しなさい！」

と大きな声で子どもに怒鳴りますか？　それとも、子どものカバンの中から取り出しますか。そういったお家の子どもは、すでに「お弁当箱はお母さんの合図があったら出すもの」または「お母さんが出すもの」と思っている可能性が大きいです（笑）

　そうすると、ずっと「お弁当箱を出しなさい」と言い続けなければならないことになります。自分が使ったお弁当箱を出す（洗う）のは、本人の義務です。お母さんはお弁当を作らせていただいているのではなく、お弁当を作ってあげているのです。**自分の義務が果たせないのに、翌日のお弁当が自然に出てくると思っていることが問題なのです。**お弁当箱を出す（洗う）ルールが守れない日は、お母さんは翌日のお弁当を作る必要はないと思います。もう中高生ですから、一食くらいご飯抜きでも大丈夫です。また、お小遣いでパンを買って食べることもできるでしょう。親にその覚悟さえあれば、子どもはそのルールに従うはずです。

　ちなみに我が家では、息子たちにお弁当を作るチャンスはありませんでしたが、娘は中学校からは「お弁当は自分で作る」というルールにしました。だから、「お弁当箱を出しなさい（洗いなさい）」と言う必要もなかったのです（笑）中学生なら自分のお弁当くらい作ることができますよ。

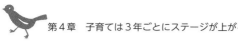

8 進路を決める

「進路はどうするの?」

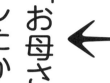

「お母さん昔は、○○の仕事をしたかったの」

中高生になると、自分の将来を真剣に考え始めます。「アンパンマンになりたい」と言っていた我が子も、さすがにそれは無理ということに気づき、現実的な仕事を自分の将来として考え始めます。その前に高校受験や大学受験というハードルがありますが、自分の偏差値だけで学校を決めるのと、将来なりたい職業につくための学校選びでは、自ずから違った視点になるでしょう。

もう、この年代になると親の意見やアドバイスは受け入れません。だからと言って自分でしっかりとビジョンを持って将来のことを考えている若者は一握りでしょう。**ほとんどの子どもがわからない中で悩みながら、失敗しながら試行錯誤しているのです。**子どもの将来に関しては、失敗して欲しくないと思うのが親心です。でも、ここまで来たら、仕方がないのです。たとえ親がアレコレ言ってその通りに子どもが進路を選んだとしても、もしそれが間違っていたとしたら親として責任がとれますか？数十年経ってから「あのとき、オレ（ワタシ）の自由にさせてくれていたら、自分の人生は変わっていた」と大人になった子どもから言われたら、後悔してもしきれません。

だから、進路に関して子どもにアドバイスできるとしたら、自分の過去の経験だと思います。

「お母さん昔は、スチュワーデスになりたかったの。でも勉強が足りなかったのでなれなくて、悔しい思いをしたのよ」

ともし子どもが聞いたら、どう思うでしょうか。自分に近しい人（お母さん）の経験は自分の未来の疑似体験として感じてくれるかもしれません。この場合、成功談より失敗談のほうが効果が大きいでしょう（笑）これこそ、「親の背中を見せる」ことになるのです。

9 何のために勉強するの？

「そんなことじゃ、高校（大学）に合格しないよ」
←
「あなたが大人になったときのことを考えるとワクワクする」

「我が子が勉強しない」ということで悩んでいるお母さんはとても多いのです。でも、小学生ならともかく、中高生になった我が子にどう怒ったとしても、効果は期待できません。子どもも大人に近づいていますから、もう親の言うことに素直に耳を傾ける年代でもないでしょう。だからと言って、親の言うことを何も聞いていないわけではありません。それどころか、親の言う言葉や、行動をよく観察しています。だからこそ、親が背中を見せることが大事だし、親の考え方が大切なのです。

人間は、足元（今）だけを見ていると、とても不安定で不安になります。下ばかり向いているとまっすぐ歩くことができません。ぶつかったり転んだりしてしまいます。でも、前（未来）を見ていると、心が晴れて前向きになるのです。もちろん足元にも気を配らなければいけませんが、前を向いて歩いていると、将来が見通せるし何よりも気分が明るくなります。だから、**お母さんも「今」よりも「未来」を見るのです。**それも、明るい未来をイメージしてそのままお子さんに伝えてあげましょう。

「あなたが大人になったときのことを考えるとワクワクする」

とお母さんが明るい顔で伝えれば、子どもは悪い気はしません。きっと心が明るくなるでしょう。

何歳になっても、子どもはお母さんが大好きです。そして、お母さんの言った言葉は子どもの心の奥底に入っていきます。お母さんが自分（子ども）の未来は明るいからワクワクすると言ったら、子どもはどれだけ勇気付けられるでしょう！　そしてその思考は現実になるのです。現実的な職業まで考える必要はありません。未来は誰にも見えないものですから、わかるはずもありません。でも、ワクワクする気持ちを持ち続けることをイメージさせてあげてください。

10

お母さんの夢を語ろう

「将来は何の仕事をしたいの？」

↓

「お母さんは今から、〇〇をしたいの」

中高生は忙しいです。毎日授業に追われ、クラブ活動に追われ、お友だちと遊ぶことに追われています。習い事を続けているお子さんもいるでしょう。その中で、学校でも家庭でも「将来の仕事」について考えるようにも言われます。でも、今まで働いたこともないし、そこまでイメージできないのが現実でしょう。それでも社会人になる日は迫ってきます。

あまり目標の仕事を決めることに親がこだわり過ぎると、「年収が多いから」「安定しているから」という理由で将来の仕事を決めてしまうかもしれません。それよりも、自分のやりたいことを仕事にできることのほうが幸せではないでしょうか。そのためにはたくさんの体験をすることが大事です。とは言うものの、毎日忙しく過ぎていく中高生にとって、いろいろな体験をすることは現実問題として難しいです。

だからこそ、「親が背中を見せる」ことが大切になります。親の経験を話してあげたり（過去）、今夢中になって取り組んでいることを話してあげたり（現在）、これから先何をしたいのかを話してあげること（未来）が、一番身近な疑似体験になります。

小学校までは、子どもは親を「完璧な人」として神様のように崇めていたかもしれません。でも、**親も人間であり、失敗をし、悩んだり悔やんだりしていることを素直に伝えてあげましょう。**そうすることで、子どもは自分が悩んだり悔やんだりしていることを肯定的にとらえることができるのです。

「悩んだり悔やんだりしていいんだ」

と思えると、心が軽くなります。そうすると子どもの自己肯定感は高くなります。自己肯定感が高くなると、自分は何でもできるような気がしてくるのです。そうすれば、自分の未来についても前向きに考えられるようになるでしょう。子育ての最後の数年です。後で「私の子育ては楽しかった」と思えるような子育てをしてくださいね。

おわりに

最後まで読んでいただき、ありがとうございました。お子さんへの言葉がけが少しでも変われば、お子さんは今日から変わります。

ここで、最後にお伝えしたいことが二つあります。一つは「なぜ怒っちゃいけないの?」ということ。もう一つが「いつもニコニコお母さんでいなくちゃいけないの?」ということです。

多くのお母さんが、

「子どもに笑顔で接したいのについつい怒ってしまう」

ことで悩んでいらっしゃいます。また、

「言いたくないのに『早く』と何度も言ってしまう」

ということで、自分を責めてしまう方もいます。これらは確かに、あるよりもないほうが母子ともに楽しく、幸せかもしれません。

では、「子どもを怒らず、『早く』と言わなければ、子どもの能力を伸ばしてあげられるか」と言えばそうではありません。私は母学アカデミー学長として「子どもの能力を伸ばす」ことについてお教えしています。決して「怒らない子育て」を伝えているわけではないのです。「子どもの能力を伸ばす」ことと「子どもを怒ってしまう」ことは、別々に考えなければなりません。子どもを怒らず、「早く」とも言わず、放任していたらどうなるでしょう。決して子どもの能力を伸ばすことはできません。反対に、子どもの将来を思い、能力を伸ばしてあげたいと思っているからこそ、怒りがわき、「早く」と言ってしまうのです。だから、子どもを怒ってしまうお母さんは、それだけお子さんへの愛情が深いのだと思ってください。

では、「子どもの能力を伸ばす」ことと「お母さんが怒ってしまう」ことは、どういう関係にあるのでしょうか？　私は、こういう風に考えます。

「子どもの能力を伸ばす子育てを邪魔するものが、お母さんの『怒り』の感情である」

例えば、子どもが砂場で一生懸命泥遊びをしているとします。子どもは真剣ですから、すでに洋服は泥だらけです。このこと自体は子どもの能力を伸ばすためにトコトンまでやらせてあげたほうがいいでしょう。でも、その日に限ってお母さんは新しい洋服を着せてきてしまいました。そして、その後、子どもと一緒にお出かけの予定をしています。そうすると、見守っているお母さんは、だんだんイライラしてきます。新しい洋服に泥が付くたびに、イライラが怒りに変わってきます。そして、お出かけの約束の時間が近づくにつれて、「早く終わらせて！」という気持ちでますますイライラしてきます。ガマンにガマンを重ねて、「怒らない、怒らない…」と自分に言い聞かせて待っています。でも、とうとう爆発してしまいました。

「いい加減にしなさい！　もう、泥だらけじゃないの！　これからお出かけができないじゃないの！(怒)」

子どもは泣き出すし、その泣き声を聞くだけでますます怒りは沸騰します。そして、その後お母さんは、

「こんなことで、子どもを怒るんじゃなかった(凹)」

と落ち込んでしまうわけです。

この場合、「子どもにトコトン泥遊びをさせて能力を伸ばす」ことをお母さんの「怒り」が邪魔してしまったわけです。もし、お母さんがこの本でお伝えしたような「怒りを言い換える言葉」でお子さんに伝えていたなら、結果は変わっていたかもし

れません。

または怒ってしまったとしても、お母さんが怒るだけ怒ったらスッキリして、「さあ、洋服を着替えてお出かけしてこよう！」と明るく言えたら、子どもも気持ちを切り替えて明るく一緒にお出かけができたのかもしれません。

怒ってもいいのです。ただ、怒った後にお母さんの気持ちがグラグラと揺れると、子どもは不安になるのです。だから、「怒ってはいけない」という心の呪いを解いてあげましょう。


もう一つ「お母さんはいつもニコニコしていなければならない」という呪いがあります。本当にそうでしょうか？　私が「笑顔予報の法則」と名付けたお母さんの笑顔に関する考え方をご紹介します。天気予報では、「晴れ」「曇り」「雨」がありまず。一時間に1ミリ以上の降水量があった場合「雨」になります。だから、「雨」と「曇り」の違いはわかりやすいですね。それでは、「曇り」と「晴れ」の違いはどこにあるのでしょうか？　何かが降ってくるわけではないので、わかりにくいのです。答えは、雲の量です。雲が空全体の80％以上になったときには、「曇り」になるのです。

つまり、雲が80%以下であれば、「晴れ」ということです。

ここで、お母さんの表情を天気に例えてみましょう。「怒り」を「雨」、「無表情」を「曇り」、「笑顔」を「晴れ」とします。そう考えると、雨が降らずに雲が80%以下であれば、「晴れ＝笑顔」ということになります。つまり、いつもニコニコお母さんである必要はないのです！　実際、お母さんだって人間ですから、いつもニコニコしているわけにはいかないのです。一日のうち、8割は無表情でいいとしたら、少しは気がラクになりませんか。2割だけ笑顔であればいいのです。

実際、大学生になった私の子どもが、ある方に、

「小さいときのお母さんの印象は？」

と聞かれたとき、

「いつも笑顔でした！　笑顔の母しか思い浮かびません」

と答えたときの私の驚きと言ったら（笑）　決して私はいつもニコニコ笑っていたわけではありません。怒ったことはありませんでしたが、一日のうち8割は無表情でいたように思います。でも「笑顔予報の法則」では、「晴れ」になるのです！　そして、その通りだったとこのときに確信しました。だから、どうか「いつもニコニコ笑顔でいなくてはならない」呪いも解いてくださいね。

おわりに

この本を書くに当たって、母学アカデミーの受講生さんにたくさんのご協力をいただきました。ご自分の子育ての体験談や感想を正直に答えてくださいました。ありがとうございました。また、我が子たち３人が私のもとに生まれてきてくれたからこそ、私は３人の母親として子育てをすることができました。私が子育てをしたというより、３人の子どもたちに母親にしてもらったと今では思っています。また、一見（？）奔放な子育てを温かく見守ってくれた主人にも感謝いたします。この本の出版によって、お母さんたちの悩みが少しでも軽くなること、子育てが楽しいと思ってもらえることを祈っています。

平成28年7月

母学アカデミー学長　河村京子

東大《とうだい》・京大生《きょうだいせい》を育《そだ》てた母親《ははおや》が教《おし》える
つい怒《おこ》ってしまうときの魔法《まほう》の言《い》い換《か》え

2016年7月15日　初版第1刷発行
2020年3月10日　　　　第2刷発行

著者　河村京子

装幀　坂川事務所
装画　うよ高山
DTP　松井和彌
編集　塚原加奈恵
発行人　北畠夏影
発行所　株式会社イースト・プレス
〒101-0051
東京都千代田区神田神保町2-4-7　久月神田ビル
電話03-5213-4700　FAX03-5213-4701
http://www.eastpress.co.jp

印刷・製本所　中央精版印刷株式会社

ISBN 978-4-7816-1444-1 C0037

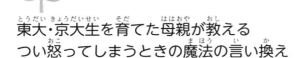